José Maurício dos Santos Pinheiro

Da Iniciação Científica ao TCC: Uma Abordagem Para os Cursos de Tecnologia

Da Iniciação Científica ao TCC Uma Abordagem para os cursos de Tecnologia

Copyright© Editora Ciência Moderna Ltda., 2010

Todos os direitos para a língua portuguesa reservados pela EDITORA CIÊNCIA MODERNA LTDA.

De acordo com a Lei 9.610 de 19/2/1998, nenhuma parte deste livro poderá ser reproduzida, transmitida e gravada, por qualquer meio eletrônico, mecânico, por fotocópia e outros, sem a prévia autorização, por escrito, da Editora.

Editor: Paulo André P. Marques
Supervisão Editorial: Camila Cabete Machado
Capa: Paulo Vermelho
Diagramação: Carlos Arthur Candal
Assistente Editorial: Aline Vieira Marques

Várias **Marcas Registradas** aparecem no decorrer deste livro. Mais do que simplesmente listar esses nomes e informar quem possui seus direitos de exploração, ou ainda imprimir os logotipos das mesmas, o editor declara estar utilizando tais nomes apenas para fins editoriais, em benefício exclusivo do dono da Marca Registrada, sem intenção de infringir as regras de sua utilização. Qualquer semelhança em nomes próprios e acontecimentos será mera coincidência.

FICHA CATALOGRÁFICA

PINHEIRO, José Maurício dos Santos..
Da Iniciação Científica ao TCC Uma Abordagem para os cursos de Tecnologia
Rio de Janeiro: Editora Ciência Moderna Ltda., 2010

1. Pesquisa científica - Metodologia
I — Título

ISBN: 978-85-7393-890-6   CDD 001.4

Editora Ciência Moderna Ltda.
R. Alice Figueiredo, 46 – Riachuelo
Rio de Janeiro, RJ – Brasil   CEP: 20.950-150
Tel: (21) 2201-6662 / Fax: (21) 2201-6896
LCM@LCM.COM.BR
WWW.LCM.COM.BR

Curiosidade, criatividade, disciplina e especialmente paixão são algumas exigências para o desenvolvimento de um trabalho criterioso, baseado no confronto permanente entre o desejo e a realidade.

Mirian Goldenberg

*Aprendemos a ser filhos
    depois que somos pais...
        Aprendemos a ser pais
            depois que somos avós...*

Para Anna, Marcelo e toda a família: a confiança e o amor de vocês me inspiram.

Prefácio

A tecnologia se desenvolve a partir do conhecimento. A produção de conhecimento, assim como a tecnologia, faz parte do cotidiano de muitas pessoas mas a escola é, por excelência, o lugar de maior produção e circulação do conhecimento, conhecimento que não existe pronto e definitivo, pois o saber desenvolve-se continuamente e um saber é fonte para outro saber.
A busca do saber, a pesquisa, muitas vezes assume contornos mais elaborados quando exige planejamento para a produção de conhecimento. Assim, um dos desafios na produção do conhecimento é educar pela pesquisa. A posição do pesquisador deve ser atuar de forma ativa e crítica, procurando enfrentar os desafios que a pesquisa necessariamente irá lhe impor. Entretanto, o ato de pesquisar em si é um procedimento não totalmente controlável ou previsível. É racional e sistemático na medida em que tem como objetivo encontrar respostas para problemas propostos, porém muitos pesquisadores sentem dificuldades no momento de escrever os resultados de seus trabalhos. A elaboração e o desenvolvimento da própria pesquisa necessita, para que seus resultados sejam satisfatórios, estar baseados em padrões e planejamento, alicerçados em conhecimentos já existentes. O objetivo primordial na exigência de uma padronização na pesquisa é a divulgação dos dados obtidos e analisados, registrando-os em caráter permanente. Desta forma, proporciona-se a outros pesquisadores fontes confiáveis, capazes de nortear futuros trabalhos de pesquisa, facilitando sua recuperação nos diversos sistemas de informação utilizados.
Este livro não pretende ser um manual, estabelecer padrões ou esgotar o assunto. A proposta é orientar o pesquisador no processo de construção da sua autonomia intelectual, servindo de ferramenta para a realização de estudos e pesquisas, esclarecendo aspectos gerais, além de abordar o que é considerado essencial na elaboração da pesquisa científica nos cursos de tecnologia. Estas recomendações devem auxiliar na tarefa de elaboração de trabalhos, mas jamais restringir a criatividade e a liberdade de pensar, aspectos fundamentais à multiplicidade e diversidade do conhecimento.
O presente trabalho está dividido em capítulos, independentes entre si, que utilizam uma linguagem bastante informal e acessível na redação do seu conteúdo, visando um entendimento claro e direto por parte do leitor.

José Maurício S. Pinheiro

Sumário

Prefácio — VII

Capítulo 1 — 1
1. Conhecimento Tecnológico — 3
  1.1. Desenvolvimento Tecnológico — 3
  1.2. Epistemologia — 4
  1.3. Pesquisa e Desenvolvimento — 5
  1.4. Conhecimento e Informação — 6
  1.5. Pesquisa Tecnológica — 8
      1.5.1. Documentação Técnica — 9
  1.6. Atitudes Metodológicas — 10
      1.6.1. O Outro Lado das Metodologias — 13
  1.7. A Função da Pesquisa Tecnológica — 14

Capítulo 2 — 15
2. Pesquisa Científica — 17
  2.1. Classificação da Pesquisa — 17
  2.2. Investigação Científica — 18
  2.3. Classificação da Pesquisa Científica — 19
      2.3.1. Do Ponto de Vista da Natureza — 19
          2.3.1.1. Pesquisa Básica — 19
          2.3.1.2. Pesquisa Aplicada — 19
      2.3.2. Do Ponto de Vista da Abordagem do Problema — 19
          2.3.2.1. Pesquisa Quantitativa — 20
          2.3.2.2. Pesquisa Qualitativa — 20
      2.3.3. Do Ponto de Vista dos Objetivos — 21
          2.3.3.1. Pesquisa Exploratória — 21
          2.3.3.2. Pesquisa Descritiva — 22
          2.3.3.3. Pesquisa Explicativa — 22
      2.3.4. Do Ponto de Vista dos Procedimentos Técnicos — 22
          2.3.4.1. Pesquisa Bibliográfica — 22
          2.3.4.2. Pesquisa Documental — 23
          2.3.4.3. Pesquisa Experimental — 23
          2.3.4.4. Levantamento — 23
          2.3.4.5. Estudo de caso — 23
          2.3.4.6. Pesquisa Expost-Facto — 23
          2.3.4.7. Pesquisa-Ação — 23
          2.3.4.8. Pesquisa Participante — 24
  2.4. Objetivos da Pesquisa — 25

2.5. Planejamento da Pesquisa — 26
2.6. Etapas da Pesquisa — 27
    2.6.1. Escolha do tema — 27
        2.6.1.1. Escolha do Título — 28
    2.6.2. Revisão de literatura — 28
    2.6.3. Justificativa — 29
    2.6.4. Formulação do Problema — 30
        2.6.4.1. Hipótese — 31
    2.6.5. Determinação dos Objetivos: Geral e Específicos — 31
    2.6.6. Metodologia — 33
    2.6.7. Coleta de Dados — 34
        2.6.7.1. Observação — 35
        2.6.7.2. Entrevista — 35
        2.6.7.3. Questionário — 35
        2.6.7.4. Formulário — 36
    2.6.8. Tabulação e Apresentação dos Dados — 37
        2.6.8.1. Análise e Discussão dos Resultados — 37
        2.6.8.2. Conclusão dos Resultados Obtidos — 37
        2.6.8.3. Redação e Apresentação do Trabalho Científico — 38

Capítulo 3 — 39
3. Projeto de Pesquisa Científica — 41
3.1. Projeto de Pesquisa — 41
3.2. Obtendo Sucesso na Pesquisa — 42
    3.2.1. Custos, Benefícios e Recursos — 43
3.3. Desenvolvendo o Projeto de Pesquisa — 43
3.4. Formulação do Problema — 44
3.5. A Escolha do Problema — 45
3.6. Elaboração do Projeto de Pesquisa — 46
    3.6.1. Tema e Título — 46
    3.6.2. Introdução — 46
    3.6.3. Objetivos — 47
    3.6.4. Revisão da Literatura — 48
    3.6.5. Metodologia — 48
    3.6.6. Cronograma — 48
    3.6.7. Orçamento — 48
    3.6.8. Participantes — 49

3.6.9. Referências	49
3.6.10. Anexos	49
3.7. Elaboração do Projeto	49
3.8. Estrutura de Projeto de Pesquisa	50
3.9. Projeto de Pesquisa Básico	51
3.9.1. Escolha do Tema	52
3.9.2. Delimitação do Tema	53
3.9.3. Formulação do Problema	53
3.9.4. Objetivo Geral e Objetivos Específicos	53
3.9.5. Hipóteses	54
3.9.6. Revisão Bibliográfica	54
3.9.7. Introdução e Justificativa	55
3.9.8. Fundamentação Teórica	56
3.9.9. Metodologia	56
3.9.10. Cronograma	57
3.9.11. Orçamento	59
3.9.12. Bibliografia Básica	59
3.10. Planejamento da Pesquisa	59
3.10.1. Ideia da Pesquisa	60
3.10.1.1. Formulação da Pergunta	60
3.10.1.2. Formulação da Hipótese	61
3.10.1.3. Plano de Intenção	61
3.10.1.4. Título	62
3.10.1.5. Autoria	62
3.10.1.6. Instituição	63
3.10.1.7. Resumo Preliminar	63
3.10.1.8. Palavras-chave	63
3.10.2. Revisão da Literatura	64
3.10.3. Pesquisa Bibliográfica	65
3.10.4. Escolha do Tema	65
3.10.5. Elaboração do Plano de Trabalho	66
3.10.5.1. Identificação do Conteúdo	66
3.10.5.2. Localização e Compilação	67
3.10.5.3. Fichamento	67
3.10.6. Testes de Procedimentos	67
3.11. Planejamento da Pesquisa	68
3.11.1. Orçamento	68

3.11.2. Referências	69
3.11.3. Redação Científica	69
3.11.4. Citações	70
3.11.4.1. Uso da Internet	71
3.12. Execução da Pesquisa	71
3.12.1. Pesquisa-piloto	72
3.12.2. Coleta de Dados	72
3.12.3. Armazenamento dos Dados	73
3.12.4. Tabulação dos Dados	74
3.12.5. Análise dos Dados	74
3.12.6. Interpretação dos Dados	74
3.12.7. Relatório Final	75
3.12.8. Divulgação da Pesquisa	75
3.12.8.1. Tema Livre	76
3.12.8.2. Artigo Original	76
3.13. Relatório de Pesquisa	77
3.13.1. Monitoração da Pesquisa	77
3.13.2. Análise de Riscos e Benefícios	78
3.13.3. Responsabilidades da Pesquisa	78
3.13.3.1. Divulgação dos Resultados de Pesquisa	79
3.13.3.2. Manual de Procedimentos	79
3.13.4. Currículo Vitae	79
3.14. Estrutura do Projeto de Pesquisa	79
3.14.1. Elementos Pré-textuais	79
3.14.2. Sumário	80
3.14.3. Elementos Textuais	80
3.14.4. Elementos Pós-textuais	81
3.14.4.1. Uso de Aspas, Itálico e Negrito	81
3.14.5. Paginação	81
Capítulo 4	83
4. Iniciação Científica	85
4.1. Determinando as Necessidades	85
4.1.1. Grupos e Linhas de Pesquisa	86
4.1.2. Recursos, Conhecimentos e Habilidades	87
4.1.3. Orientação na Iniciação Científica	88
4.1.3.1. Roteiro para a Escolha do Orientador	89

4.2. Redação Científica	90
4.2.1. Resumos	90
4.2.2. Palavras-chave	92
4.3. Artigo Científico	92
4.3.1. Escolha do Tema do Artigo	93
4.3.1.1. Metodologia para Desenvolvimento do Artigo	94
4.3.2. Elementos Componentes do Artigo Científico	94
4.3.2.1. Estrutura Básica do Artigo Científico	97
4.4. Cuidados na Redação do Artigo Científico	99
4.4.1. Qualidades Esperadas do Texto Científico	100
4.4.2. Linguagem Científica	102
4.4.2.1. Começando a Redigir	104
Capítulo 5	105
5. Relatórios	107
5.1. Objetivos do Relatório	107
5.2. Tipos de Relatórios	108
5.2.1. Relatório Técnico-científico	109
5.2.2. Relatório de Estágio	109
5.2.3. Relatório de Viagem e /ou Participação em Eventos	109
5.2.4. Relatório de Visita Técnica	109
5.2.5. Relatório Administrativo	110
5.3. Etapas do Relatório	110
5.3.1. Plano Inicial	110
5.3.2. Coleta e Organização do Material	110
5.3.3. Redação	110
5.3.4. Revisão	110
5.4. Estrutura do Relatório	111
5.4.1. Elementos Pré-Textuais	111
5.4.2. Elementos Textuais	111
5.4.3. Elementos Pós-Textuais:	111
5.5. Leitura, Fichamento, Resumo, Citações e Referências	111
5.5.1. Leitura	112
5.5.2. Fichamento de Textos	113
5.5.3. Resumo	114
5.5.3.1. Tipos de Resumos	114
5.5.3.2. O que Evitar no Resumo	115
5.5.4. Citações	116

5.5.4.1. Tipos de Citação 116
5.5.4.2. Apresentação de Citações 117
5.5.4.3. Sistemas de Chamada das Citações 117
5.5.5. Referências 118

Capítulo 6 121
6. Monografia, Dissertação e Tese 123
6.1. Pós-Graduação 123
6.2. Estrutura do Trabalho de Pesquisa 125
6.2.1. Elementos Textuais 126
6.2.2. Elementos Pós-textuais 127
6.3. Estrutura da Dissertação e da Tese 128
6.4. Monografia 129
6.4.1. Estrutura da Monografia 130

Capítulo 7 133
7. Trabalho de Conclusão de Curso 135
7.1. Alcance do Trabalho de Conclusão de Curso 135
7.2. Objetivos do TCC 136
7.3. Qualidades Esperadas no TCC 137
7.4. Roteiro para TCC 138
7.4.1. Escolha do Tema e Planejamento da Redação 138
7.4.2. Técnicas de Citações 140
7.4.2.1. Citação Textual 140
7.4.2.2. Citação Conceitual 140
7.5. Realização do TCC 141
7.5.1. Professor Orientador 141
7.5.2. Professor Coordenador 144
7.5.3. O Aluno Pesquisador 145
7.6. Formato do Projeto de TCC 147
7.7. Avaliação e Defesa 149
7.8. Funcionamento da Banca Examinadora 150
7.9. Defesa do Artigo Científico 151
7.9.1. A Questão da Qualidade 151
7.9.2. Qual Pesquisa Gerou a Informação? 151
7.9.3. Avaliação da Qualidade da Informação 152
7.9.4. As Habilidades e Conhecimentos 153

  7.9.5. Avaliação Crítica da Literatura   154
      7.9.5.1. Identificação e Seleção das Fontes de Pesquisa 154
      7.9.5.2. Leitura Crítica   155
      7.9.5.3. Resumo do Artigo   155
      7.9.5.4. Apresentação do TCC   155
      7.9.5.5. Perguntas   156
      7.9.5.6. Síntese   156

Referências Bibliográficas   **157**

CAPÍTULO 1

1. Conhecimento Tecnológico

A tecnologia é tão antiga quanto a humanidade e encontra-se em evolução permanentemente. Ela representa a concretização dos conhecimentos científicos adquiridos em prol da satisfação das necessidades humanas. A prova desta afirmativa está em que, a partir do advento da ciência moderna foi possível aplicar os conhecimentos adquiridos para resolver diversos problemas que afetavam a sociedade. O homem passou a resolver problemas técnicos de uma forma mais generalizada, trocando opiniões, informações e ideias e não mais tentando resolver problemas de forma isolada.

1.1. Desenvolvimento Tecnológico

Estamos na "era da informação", onde a tecnologia nos permite gerar, armazenar, processar e aplicar efetivamente o conhecimento baseado em diversas fontes de informação, determinando a produtividade e competitividade em várias áreas de atividade do ser humano. Esse desenvolvimento tornou-se mais acelerado especialmente depois da globalização, adquirindo grande importância não só para os indivíduos mas, também, para a sociedade em geral. A enorme penetração da tecnologia resulta em uma sociedade mais aberta, de sistemas tecnológicos complexos e de uma dependência maior dos sistemas de informação e comunicação. Por exemplo, a informática marca sua presença na sociedade atual a ponto de se imaginar impossível, hoje, um mundo sem a tecnologia dos computadores. Os diversos avanços conseguidos com uso dos recursos das tecnologias da informação e das comunicações têm promovido intensas alterações em quase todos os segmentos da sociedade, especialmente aqueles que interagem fortemente com os sistemas de produção e abastecimento de bens e serviços, com os sistemas de transportes e de telecomunicações, entre outros.
Ocorrem, de modo irreversível e contínuo, mudanças radicais induzidas pelo desenvolvimento de novas tecnologias, nos mais diversos campos do conhecimento, o que tem aguçado o senso crítico do uso da própria tecnologia pela sociedade. Esse contínuo avanço tecnológico modifica a todo o momento os aspectos econômicos, sociais e o próprio estilo de vida das pessoas em sociedade. Podemos constatar com facilidade que a sociedade atual está sujeita a constantes transformações, provocadas principalmente pela introdução de tecnologias de informação emergentes que mudam

também a forma como lidamos com o conhecimento e as formas de produção científica. Ocorre também que alguns indivíduos se adaptam melhor e mais rapidamente às mudanças tecnológicas. Outros se adaptam, mas não de forma tão rápida e temos ainda aqueles que não conseguem se adaptar, o que gera um certa dose de "stress".

A partir dos avanços tecnológicos proporcionados principalmente pelas tecnologias da informação e de comunicação, as transformações tecnológicas, organizacionais e gerenciais estão representando novos desafios para os indivíduos. É mais uma vez a tecnologia que transforma não só as nossas formas de comunicação, mas também as formas como o ser humano trabalha, pensa e vive.

1.2. Epistemologia

Epistemologia, que significa "estudo da ciência" (do grego episthme = conhecimento, ciência, e logo = estudo, discurso), é um ramo da filosofia que trata dos problemas relacionados à crença e ao conhecimento. É, pois, usada em dois sentidos: para indicar o estudo da origem e do valor do conhecimento humano em geral ou para significar o estudo as ciências (físicas e humanas), dos princípios sobre o qual se fundam, dos critérios de verificação e de verdade, do valor dos sistemas científicos.

A epistemologia estuda a origem, a estrutura, os métodos e a validade do conhecimento (daí também se designar por filosofia do conhecimento). Também estuda a evidência no sentido forense de prova, isto é, os critérios de reconhecimento da verdade (Figura 1) e pode ser observada em dois sentidos básicos: no primeiro, como crítica do conhecimento científico, com o exame dos princípios, das hipóteses e das conclusões das diferentes ciências, tendo em vista determinar seu alcance e seu valor objetivo. No segundo, como filosofia da ciência (empirismo, racionalismo etc.).

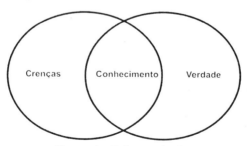

Figura 1 - Epistemologia

Segundo Japiassu (1975), temos três tipos de Epistemologia:

- **Epistemologia global ou geral** - trata do saber globalmente considerado, com a virtualidade e os problemas do conjunto de sua organização, quer sejam especulativos, quer científicos;
- **Epistemologia particular** - trata de levar em consideração um campo particular do saber, quer seja especulativo, quer científico;
- **Epistemologia específica** - trata de considerar uma disciplina intelectualmente constituída em unidade bem definida do saber e de estudá-la de modo próximo, detalhado e técnico, mostrando sua organização, seu funcionamento e as possíveis relações que ela mantém com as demais disciplinas.

1.3. Pesquisa e Desenvolvimento

Na atualidade, a noção de pesquisa científica está estreitamente ligada com a noção de desenvolvimento, ficando difícil discernir o limite entre a pesquisa e o desenvolvimento. Assim, pode-se dizer que pesquisa e desenvolvimento abrangem um conjunto de procedimentos de investigação, a partir das análises teóricas em todos os campos da ciência e tecnologia. A pesquisa científica e o desenvolvimento tecnológico normalmente se referem a atividades de longo prazo ou com visão de "futuro", relacionadas a ciência ou tecnologia, usando as técnicas do método científico sem que hajam resultados pré-determinados, mas com previsão de obtenção de algum benefício para a sociedade.

O estresse provocado pela tecnologia não está na falta de capacidade do ser humano em se adequar às mudanças e sim, na má estruturação e disseminação do conhecimento na sociedade, tanto pelos governos quanto pela sociedade civil, notadamente pela falta de uma abordagem sistêmica e estratégica. Por exemplo, a Internet representa um recurso e um instrumento de pesquisa e de renovação acadêmica, que beneficia professores, pesquisadores, alunos e a própria sociedade. Com a tecnologia houve um avanço significativo principalmente no que se refere a disponibilização e recuperação de informações. Entretanto, ainda hoje convivemos com um alto índice de exclusão digital, com a falta de planejamento no desenvolvimento de novas técnicas de disseminação do conhecimento, entre outros problemas.

1.4. Conhecimento e Informação

Conhecimento é a relação que se estabelece entre um sujeito que conhece ou deseja conhecer e o objeto a ser conhecido ou que se dá a conhecer. O conhecimento pode ser caracterizado como uma abstração interior, pessoal, de algo que foi experimentado, vivificado por alguém (Figura 2). Nesse sentido, o conhecimento não pode ser descrito, o que se descreve é a informação. Também não depende apenas de uma interpretação pessoal, como a informação, pois requer uma vivência do objeto do conhecimento.

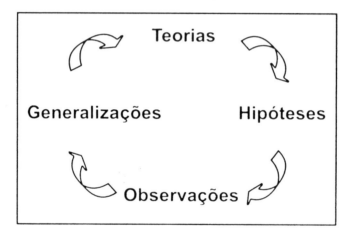

Figura 2 – Obter e trabalhar o conhecimento

Como o conhecimento não é sujeito a representações, não pode ser inserido em um computador, por exemplo. Assim, é um tanto equivocado falar-se de uma "base de conhecimento" tecnológica, o que se tem de fato é uma "base (ou banco) de dados" tecnológica. Neste sentido, a informação é uma visão pessoal sobre um conjunto de dados, ou seja, o sentido que um conjunto de dados tem para alguém. Podemos definir dado como qualquer registro ou indício relacionável a alguma entidade ou evento. Isto significa que os dados podem ser totalmente descritos através de representações formais, estruturais. Sendo ainda quantificados ou quantificáveis, eles podem obviamente ser armazenados e processados.

Um conjunto de dados representa uma informação para uma pessoa quando ela consegue perceber suas relações com outros dados que lhe definem um contexto e, ainda, com os dados e informações que já lhe são familiares, lembranças, impressões, experiências etc., estabelecendo assim seu significado para ela. O dado pode ser uma sequência de símbolos quantificados ou quantificáveis. Por exemplo, este texto é um dado. Fotos, figuras, sons gravados e animação também são dados, pois todos podem ser quantificados a ponto de se ter, eventualmente, dificuldade de distinguir a sua reprodução, a partir da representação quantificada, com o original.

Já a informação é uma abstração informal, isto é, não pode ser formalizada através de uma teoria lógica ou matemática que está na mente de alguém, representando algo significativo (um dado) para essa pessoa. A informação pode ser inserida em um sistema de informações por meio de uma representação em forma de dados. As relações percebidas associam ao dado um significado próprio, na medida em que são específicas para cada indivíduo, pois dependem de suas capacidades e experiências anteriores. Assim, um mesmo conjunto de dados pode não gerar a mesma Informação para pessoas diferentes. Nos casos mais simples, envolvendo dados e relações menos complexas, as informações percebidas por diferentes pessoas poderão apresentar uma semelhança maior. Quanto maior a complexidade da informação, mais ela dependerá do repertório anterior e da capacidade de cada indivíduo em interpretá-la e, portanto, mais pessoal será. A informação é, portanto, a leitura que cada indivíduo faz de um conjunto de dados, é o significado que lhe atribui ao "internalizar" esses dados.

A consulta ao dicionário talvez ajude a compreender melhor a relação existente entre o conhecimento e a informação. O conhecimento, diferente da informação, diz respeito a crenças e compromissos. A qualidade do conhecimento científico é dependente da forma de aquisição que é utilizada, sendo uma função de uma atitude, perspectiva ou intenção específica, estando relacionado à ação, conhecimento "com algum fim". Já o conhecimento, como a informação, diz respeito ao significado. É específico ao contexto e relacional e não pode ser transferido porque é um atributo da mente e desenvolvido em estreito relacionamento com o ambiente onde as pessoas vivem. O conhecimento deve ser usado para dar significado ao mundo e prever resultados se qualquer ação é implementada para atingir algum objetivo. Por outro lado, a definição do conceito para informação considera os dados padronizados ou formalizados para melhorar a adequação de interfaces entre o conhecimento e o mundo real, uma vez que as pessoas observam, comunicam e aprendem, ou seja, a informação é passada por meio de fluxos sensoriais de ver, ouvir, tocar, degustar e cheirar.

Na verdade, os argumentos aqui apresentados levam à conclusão que não é muito útil separar conceitualmente o conhecimento da informação. O conhecimento não deve ser tratado como "commodity". Isso significa dizer que alguém ter conhecimento não implica que outras pessoas não o tenham, ou que o conhecimento possa ser facilmente comercializado. O ponto mais importante, porém, é que o conhecimento deve ser entendido sob um sentido mais amplo dentro de um contexto social de interesses, emergindo como um produto de interação e diálogo entre "atores" específicos. O conhecimento deve ser encarado como um processo social, de ação e experiência, e um sistema de conhecimento, reunindo uma multiplicidade de atores e meios, comunicando e negociando dinamicamente informação técnica e social.

1.5. Pesquisa Tecnológica

Uma questão crucial para o desenvolvimento de qualquer sociedade que busque caminhos para alcançar um nível de produção, renda e distribuição compatíveis com suas necessidades são os investimentos em pesquisa tecnológica, notadamente no presente cenário mundial. Para o entendimento da dimensão desta questão é necessário identificar os ideais, os valores e a visão que originam qualquer inovação ou desenvolvimento.

O aprendizado pela pesquisa implica em um amplo espectro de atitudes e práticas, que, conduz a várias direções determinadas pelas inúmeras visões e ideais envolvidos. A produção do conhecimento e a incorporação de tecnologias inovadoras pelos setores produtivos viabilizam o crescimento sustentável, pois a inovação é capaz de oportunizar o aumento da produtividade e da competitividade, responsáveis pela geração de novas possibilidades de investimento, emprego e renda. A utilização do conhecimento obtido através de pesquisas, via de regra, promove o crescimento do valor da produção e desencadeia uma série de mudanças e transformações estruturais nas sociedades que se caracterizam como "economias baseadas no conhecimento".

A pesquisa tecnológica pode ser entendida como um trabalho científico que relata os resultados de um trabalho de pesquisa numa determinada área tecnológica. É uma ferramenta de abrangência interdisciplinar e seletiva, que envolve um conjunto de processos de estudo, metodologias e reflexão, onde o pesquisador, uma vez inserido nesse universo, é obrigado a atualizar-se constantemente e a buscar informações dentre as mais variadas fontes e os problemas que lhe são apresentados necessitam de alguma proposta ou solução com aplicabilidade real e não apenas no âmbito acadêmico. Portanto, a pesquisa tecnológica envolve recursos humanos, infra-estrutura apropriada, ferramentas de trabalho adequadas e, fundamentalmente, o chamado "espírito pesquisador". Sem este último, o processo de pesquisa fica extremamente prejudicado.

Considerando-se as diferenças estruturais do método de pesquisa científica em relação ao método de pesquisa utilizado nos cursos tecnológicos pode-se verificar que existe uma sistematização semelhante havendo, também, a necessidade de ser estabelecido um "modelo" científico para a representação dos conhecimentos obtidos. O modelo é determinado principalmente após a fase de teste das hipóteses nas ciências em geral e, nas áreas tecnológicas é obtido posteriormente a avaliação do protótipo do produto ou processo.

Outro ponto importante é que a experiência que o pesquisador adquire através da pesquisa tecnológica deve ter sua continuidade garantida pela prática da documentação técnica, que se traduz na maneira mais adequada e sistemática para ser assimilar e repassar o conhecimento obtido. Outro benefício da documentação são os artigos gerados e publicados a partir desta, disseminando a informação no meio técnico e acadêmico.

1.5.1. Documentação Técnica

A posse da informação de uma área de especialização é uma exigência para o domínio da técnica. Essa informação é adquirida através da documentação realizada com critério. O desenvolvimento da documentação técnica é uma atividade que combina o conhecimento técnico e o científico de seus autores. Essa documentação visa coletar os elementos relevantes de um trabalho de pesquisa, sempre dentro de uma determinada área.

A documentação técnica é o documento textual que contempla todas as informações relativas a um segmento tecnológico específico, que são apresentadas ao leitor de forma intuitiva, dando-lhe todas as condições necessárias para o fácil entendimento e a boa utilização daquela tecnologia. Normalmente é estruturada na forma de manuais de utilização, manuais de equipamentos, instruções de instalação e montagem, manuais de manutenção e conserto, folhetos e boletins técnicos, assim como catálogos de produtos.

Seus elementos constituintes são determinados em função da própria estrutura do documento ou do trabalho em realização e sua elaboração envolve as seguintes etapas básicas:

- Conhecimento do tema abordado para que sejam efetuados os estudos necessários e ensaios técnicos com base em metodologia apropriada;
- Elaboração da estrutura do documento, redação de textos, glossários e criação de figuras, tabelas, etc., seguindo os padrões vigentes;
- Gestão dos documentos com utilização de diferentes editores, tanto para textos simples como de maior complexidade;
- Elaboração e finalização gráfica do documento.

A documentação técnica é um importante instrumento que visa manter o histórico de projetos em todo o seu ciclo de vida. Deve ser encarada como o registro confiável e acurado da informação, passível de compartilhamento por todos que dela necessitem, ou seja, seu conteúdo deve conter detalhes suficientes para transmitir, com precisão e clareza, o conhecimento necessário para utilizar o produto ou serviço citado, de forma eficaz e efetiva.

1.6. Atitudes Metodológicas

Um trabalho de pesquisa deve permitir o confronto entre o empirismo e a teorização. A questão é bem simples: até que ponto ser empírico e até que ponto ser teórico ao desenvolver uma pesquisa? A resposta também pode ser simples: não existe uma regra preestabelecida que sirva como padrão. Muitas vezes, através do método da "tentativa-e-erro", é que torna-se possível transpor os obstáculos que o desenvolvimento da atividade de pesquisa nos impõe.
Ainda é muito comum a concentração de esforços em ações de pesquisa a partir de ideias e opiniões vagas, sem um conhecimento claro e fundamentado em fatos e dados. Isso quer dizer que predomina o desencadeamento de ações aleatórias, a partir de ideias superficiais e técnicas difusas, que levam a um desenvolvimento oneroso e truncado que na grande maioria das vezes não atende aos objetivos do pesquisador. Surge, então, uma pergunta: Seria possível desenvolver um projeto de pesquisa sem utilizar uma metodologia adequada? Em princípio, a resposta seria que é possível sim. Entretanto, o

resultado obtido, em termos de propósito, eficiência, qualidade e produtividade, certamente estaria abaixo do esperado.
Para que a pesquisa alcance um nível de produtividade e de eficiência satisfatórios, torna-se fundamental a implantação de uma metodologia consistente e que satisfaça a cinco requisitos fundamentais:

- **Padronização** – a metodologia deve direcionar as ações da pesquisa de modo que seja possível estabelecer um padrão de qualidade e que permita o intercâmbio de informações entre todos os envolvidos;
- **Flexibilidade** – a característica fundamental de uma metodologia eficiente é apresentar uma arquitetura aberta. Geralmente os planos de pesquisa devem ser revistos sem que se tenha chegado ao final do trabalho proposto e a metodologia deve ser flexível para fazer frente às exigências que se apresentam durante a realização da pesquisa;
- **Documentação** – formulada de maneira inteligente e flexível, deve ser compatível com as características da pesquisa. Os itens exigíveis em cada etapa devem ser verificados ao término da etapa correspondente;
- **Modularidade** – o trabalho de pesquisa deve ser dividido em módulos bem definidos, que irão caracterizar as "fases" de desenvolvimento e cada fase representa um conjunto de atividades necessárias para sua realização;
- **Planejamento** – controlar o tempo é administrar melhor o uso do tempo sem se tornar escravo do relógio. A metodologia deve permitir mecanismos que auxiliem no controle das atividades e estabelecer regras flexíveis que permitam uma revisão dos prazos e o uso de cronogramas.

A ausência da metodologia no desenvolvimento do trabalho de pesquisa leva a uma situação onde, mesmo que o pesquisador utilize as melhores soluções dentro de sua experiência profissional e mesmo que essas soluções sejam satisfatórias e que os resultados analisados individualmente sejam os melhores, dificilmente, no conjunto, serão obtidos resultados que satisfaçam integralmente aos objetivos propostos. Ou seja, a produtividade e eficiência que são esperadas de uma pesquisa não podem ser obtidas sem um critério, regras ou sem uma análise cuidadosa dos seus objetivos.
A metodologia deve servir de suporte à elaboração de trabalhos de pesquisa

eficientes e deve representar a linha mestra de orientação na administração dos recursos necessários. Também é importante que a metodologia escolhida não seja rígida a ponto de inibir a criatividade e a busca por novas soluções. Ela deve ser flexível, dinâmica e estar sempre aberta para acompanhar a evolução tecnológica. Convém salientar que qualquer metodologia tende a se tornar ineficiente sem um bom plano de implementação e um cronograma que a acompanhe. Para isto, existem programas de qualidade que têm como objetivos racionalizar os processos, implementar padrões e direcionar o trabalho na direção da excelência almejada.

Quando uma metodologia para o desenvolvimento de uma pesquisa científica é adotada, são estabelecidos parâmetros e procuram-se fontes de informação com o objetivo de produzir resultados satisfatórios. Os resultados negativos porventura obtidos ficam por conta dos erros nas tentativas realizadas. Por esse motivo, muitas das dificuldades iniciais encontradas ocasionam algumas perdas que, entretanto, podem ser rapidamente contornadas com a prática de atitudes metodológicas para concentrar os esforços nas atividades realmente necessárias ao desenvolvimento do trabalho de pesquisa.

Com o objetivo de homogeneizar a execução das tarefas dos envolvidos, registrar os resultados obtidos e padronizar toda a documentação, torna-se necessário estabelecer critérios para a análise das diversas etapas que envolvem a pesquisa. Por exemplo, todo projeto de pesquisa que envolve tecnologia está exposto a riscos e esse grau de exposição depende da natureza, tamanho, complexidade e do ambiente no qual está inserido. Todos os elementos constituintes do trabalho de pesquisa (fontes de referência, recursos materiais, pessoas, políticas, etc.), representam fatores de risco e por esse motivo é interessante estabelecer uma graduação para esses riscos com o objetivo de organizar as ações necessárias para minimizar ou mesmo eliminar a possibilidade de impactos negativos ao andamento da pesquisa.

Outro passo importante para o desenvolvimento de qualquer pesquisa é o estabelecimento de um conjunto de estratégias básicas de implantação baseado em seis fatores principais:

- **Prioridades** – a pesquisa deve ser realizada segundo um grau de importância decrescente das atividades (as consideradas mais importantes vem primeiro);
- **Qualidade** – a pesquisa deve buscar um padrão de qualidade que aten-

da aos interessados e que seja possível de alcançar pelo pesquisador;
• **Segurança** – dois caminhos limítrofes podem ser trilhados: segurança máxima, compreendendo estratégias de eliminação de todos os riscos (algo bastante difícil de conseguir), ou segurança padrão, mediante ações preventivas, possibilitando um menor grau de ocorrência de problemas;
• **Prazos** – a elaboração de um cronograma de trabalho que deve ser o mais realístico possível, prevendo, inclusive, a necessidade de intervenções para a correção de possíveis desvios;
• **Custos** – é comum avaliar a viabilidade da pesquisa pela relação custo/benefício, ou seja, o desejável é um menor o gasto financeiro e o maior benefício alcançável. Mas até que ponto uma pesquisa é cara ou barata e qual benefício seria considerado satisfatório? Para evitar dúvidas como estas, uma atitude infinitamente mais vantajosa para todos é dividir um grande, complexo e normalmente caro empreendimento em pequenos projetos mais facilmente administráveis, que permitam estabelecer parâmetros de custos e benefícios mais realistas;
• **Consenso** – a ideia principal é que todos os envolvidos alcancem os objetivos pela construção do consenso (senso comum), fazendo concessões conscientes em favor do interesse global.

1.6.1. O Outro Lado das Metodologias

As metodologias determinam um conjunto de especificações para a realização de procedimentos que têm como objetivo principal desenvolver novos conhecimentos, conjunto de especificações ao qual damos o nome de pesquisa. São as deficiências na forma e no conteúdo da metodologia adotada que podem por em risco o sucesso da pesquisa.

Um risco na utilização de metodologias está em que às vezes sua inflexibilidade inviabiliza o bom senso. Uma boa metodologia pode resolver um problema, mas pode não observar o lado da precaução quanto à sucessão de novos acontecimentos. Podem introduzir um controle muito rígido das atividades, dificultando a adoção de alternativas que agilizariam a execução do trabalho de pesquisa.

O objetivo básico de qualquer metodologia empregada no trabalho de pesquisa deve ser o de fornecer os instrumentos necessários para a definição, o planejamento, o acompanhamento e o desenvolvimento da própria pesquisa. A metodologia deve incluir mecanismos que permitam a montagem de um cenário, um protótipo, visando facilitar a análise do andamento do trabalho e a correção das falhas que forem detectadas antes de sua conclusão. A adoção de uma metodologia em conjunto com outras técnicas científicas proporciona várias vantagens ao desenvolvimento da pesquisa: evita-se a necessidade de rever o projeto de pesquisa desde o princípio, uniformizam-se os procedimentos operacionais, promove-se o desenvolvimento de ferramentas de controle e reduz-se o tempo de planejamento da execução das diversas atividades envolvidas, proporcionado uma economia de tempo e recursos.

1.7. A Função da Pesquisa Tecnológica

Considerando de modo simplista que um trabalho de pesquisa sobre tecnologia é um agrupamento de parâmetros sobre diversas questões, podemos estabelecer uma relação entre as questões distintas que o cercam quando existe um ponto em comum entre ambas. É exatamente esta a função da pesquisa tecnológica: agregar diferentes elementos e conteúdos para orientar a análise do conhecimento, seja ele novo ou existente.

Cada trabalho de pesquisa é uma atividade única, fora da rotina e que produz resultados diferentes de outro que porventura já exista. Talvez daí as dificuldades em se analisar as condições para a realização de uma atividade em especial, graças às diferenças que encontramos em relação a outras atividades executadas anteriormente. Partindo dessa premissa, nenhuma generalização poderá ser considerada totalmente correta e podemos afirmar ainda que cada pesquisa deve apresentar particularidades interessantes em suas diversas fases de execução, delineadas principalmente por aqueles que a conduzem.

Por fim, é importante salientar que mesmo um trabalho de pesquisa mais simples, de baixo custo de implementação e tecnicamente inserido dentro dos parâmetros da metodologia, pode não vir a atender plenamente aos anseios do pesquisador se não houver um perfeito sincronismo entre todos os envolvidos no que se refere ao fator "comunicação", relatando o andamento das atividades e dos resultados obtidos até aquele momento, o feedback.

Por mais que a pesquisa tecnológica procure contemplar as incertezas e os fatores desconhecidos, alguns elementos novos surgem ou não apresentam o rumo esperado, ocasionando desvios que devem ser monitorados e corrigidos tão logo sejam percebidos.

CAPÍTULO 2

2. Pesquisa Científica

A Pesquisa Científica é um conjunto de ações propostas para encontrar a solução para um problema com base em procedimentos racionais e sistemáticos e realizada quando não se possui informação para solucionar tal problema. Trata-se, pois, de um processo de construção do conhecimento que tem como metas principais gerar novo conhecimento e corroborar ou refutar algum conhecimento preexistente.

2.1. Classificação da Pesquisa

Pesquisar significa, de forma bem simples, procurar respostas para as indagações propostas. É basicamente um processo de aprendizagem tanto do indivíduo que a realiza quanto da sociedade na qual esta se desenvolve. Quem realiza a pesquisa pode, em um nível mais elementar, aprender as bases do método científico ou, em um nível mais avançado, aprender refinamentos técnicos de métodos já conhecidos.

Para poder ser chamada de científica, a pesquisa deve obedecer aos rigores que impõe o método científico, sendo a sua principal propriedade a possibilidade de reprodução dos resultados. Em uma pesquisa, nada se faz ao acaso. Desde a escolha do tema, fixação dos objetivos, determinação da metodologia, coleta dos dados, sua análise e interpretação para a elaboração do relatório final (artigo, monografia, dissertação e tese), tudo é previsto no projeto de pesquisa.

O trabalho científico pode ainda ser avaliado pela sua qualidade política e pela sua qualidade formal. A qualidade política refere-se fundamentalmente aos conteúdos, aos fins e à substância do trabalho científico. Já a qualidade formal diz respeito aos meios e formas usados na produção do trabalho. Refere-se ao domínio de técnicas de coleta e interpretação de dados, manipulação de fontes de informação, conhecimento demonstrado na apresentação do referencial teórico e apresentação escrita ou oral em conformidade com os padrões acadêmicos.

A produção científica envolve a obtenção do conhecimento previamente produzido, bem como a investigação crítica a respeito desse conhecimento. Ela é realizada basicamente em duas etapas: na primeira, o trabalho é feito pelo pesquisador em uma investigação; na segunda, temos a divulgação dos resultados dessa investigação, o que se dá pela expressão escrita dos resultados da pesquisa. O sucesso dessas etapas dependerá do procedimento seguido, do envolvimento do pesquisador e da habilidade na escolha do melhor caminho para atingir os objetivos propostos.

As bases para a realização da pesquisa científica foram instituídas por Galileu Galilei, Francis Bacon e René Descartes. Galileu (1564-1642) introduziu o método científico e ressaltou o valor da experimentação como o mais importante dos procedimentos naturais, sendo o primeiro a combinar a experimentação científica com a matemática. Bacon (1561-1626), estabeleceu as recomendações para realizar experimentos de caráter indutivo. A indução científica de Bacon recomendava a descrição pormenorizada dos fatos e a tabulação para o registro das observações feitas experimentalmente. Já Descartes (1596-1650) advertia para a fuga do subjetivismo e pregava a dúvida como meio de raciocínio. Duvidar significa pensar. Afirmava Descartes: cogito, ergo sum (penso, logo existo). O seu maior legado foi transmitir as "quatro regras de ouro" da pesquisa:

- Dividir todos os problemas em tantas partes quantas necessárias para resolvê-las adequadamente;
- Conduzir ordenadamente os pensamentos, dos mais simples para os mais complexos;
- Realizar periodicamente revisões cuidadosas;
- Acolher como verdadeira exclusivamente a conclusão que não deixe dúvida. Se houver alguma dúvida a conclusão deve ser rejeitada.

2.2. Investigação Científica

A investigação científica depende de um conjunto de procedimentos intelectuais e técnicos para que seus objetivos possam ser atingidos. Esses procedimentos envolvem o método científico e os processos lógicos de estudo. O método científico é o conjunto de processos ou operações mentais que se deve empregar na investigação científica, ou seja, é a linha de raciocínio adotada no processo de pesquisa. Para abordar um determinado tema, o pesquisador pode utilizar processos lógicos baseados na análise ou na síntese.

A análise é um processo onde o objeto da pesquisa é decomposto em suas partes construtivas, onde parte-se do mais complexo para o menos complexo. Ela é o pré-requisito para uma classificação. Já a síntese é o processo onde o objeto de estudo, decomposto pela análise, é recomposto e reconstruído na sua totalidade.

2.3. Classificação da Pesquisa Científica

O conhecimento científico e tecnológico tem em comum a premissa de formulação e elaboração pelo método científico de problemas diferentes, seja de natureza puramente científica ou tecnológica. Considerando que o conhecimento tecnológico possui natureza própria, específica, de ciência aplicada e técnica, por incluir a tecnologia (e a técnica) como pressuposto fundamental, ele se constrói a partir do conhecimento científico. Adotar um método de pesquisa significa escolher um caminho, um percurso. Esse percurso, muitas vezes, requer ser reinventado a cada etapa. Necessita-se, então, não somente de regras, mas, também, de criatividade e imaginação. Existem várias formas de classificar a pesquisa (Figura 3):

2.3.1. Do Ponto de Vista da Natureza

2.3.1.1. Pesquisa Básica

A pesquisa básica tem como objetivo gerar conhecimentos novos úteis para o avanço da ciência sem aplicação prática prevista. Envolve verdades e interesses universais.

2.3.1.2. Pesquisa Aplicada

A pesquisa aplicada tem como objetivo gerar conhecimentos para aplicação prática dirigidos à solução de problemas específicos. Envolve verdades e interesses locais.

2.3.2. Do Ponto de Vista da Abordagem do Problema

Do ponto de vista da abordagem do problema da pesquisa podemos ter:

2.3.2.1. Pesquisa Quantitativa

A pesquisa quantitativa é a escolha da abordagem de quantificação da coleta de informações, do tratamento dos dados e do uso estatístico nas análises. A princípio, o método tem como objetivo garantir precisão aos resultados, isenção do subjetivismo do pesquisador, evitar distorções nas interpretações, assegurando uma margem de segurança às inferências. As análises consistem no levantamento de variáveis.

Um dos métodos utilizados é o experimento de campo. O objetivo deste estudo é verificar a relação entre causa e efeito. Indicadores são medidos (produtividade, desempenho, satisfação etc.) e os resultados são avaliados mediante testes. Considera que tudo pode ser quantificável, o que significa traduzir em números opiniões e informações para classificá-las e analisá-las. Requer o uso de recursos e de técnicas estatísticas (percentagem, média, moda, mediana, desvio-padrão, coeficiente de correlação, análise de regressão etc.).

2.3.2.2. Pesquisa Qualitativa

Na pesquisa qualitativa, o uso da estatística é fundamental para análise dos resultados. Não basta definir adequadamente o delineamento da pesquisa e aplicar corretamente a coleta de dados se a análise estatística não for bem feita.

A pesquisa qualitativa caracteriza-se pela tentativa de uma compreensão detalhada dos significados e características situacionais apresentadas pelos entrevistados, em lugar da produção de medidas quantitativas de características de comportamentos. Argumenta-se que essa forma de pesquisa é aplicável para o levantamento de hipóteses e que seus métodos de coleta de dados e análise são apropriados para a pesquisa exploratória. Considera que há uma relação dinâmica entre o mundo real e o sujeito, isto é, um vínculo indissociável entre o mundo objetivo e a subjetividade do sujeito que não pode ser traduzido em números.

A interpretação dos fenômenos e a atribuição de significados são básicas no processo de pesquisa qualitativa. Não requer o uso de métodos e técnicas estatísticas. O ambiente natural é a fonte direta para coleta de dados e o pesquisador é o instrumento-chave. É descritiva. Os pesquisadores tendem a analisar seus dados indutivamente. O processo e seu significado são os focos principais de abordagem.

2.3.3. Do Ponto de Vista dos Objetivos

Do ponto de vista dos objetivos da pesquisa podemos ter:

2.3.3.1. Pesquisa Exploratória

A pesquisa exploratória possibilita ao pesquisador aumentar sua experiência em torno de determinado problema. Assim, o pesquisador planeja um estudo exploratório para encontrar elementos necessários que lhe permitam, em contato com determinada população, obter resultados que deseja. Um estudo exploratório, por outro lado, pode servir para levantar possíveis problemas de pesquisa. Visa proporcionar maior familiaridade com o problema com vistas a torná-lo explícito ou a construir hipóteses. Envolve levantamento bibliográfico; entrevistas com pessoas que tiveram experiências práticas com o problema pesquisado; análise de exemplos que estimulem a compreensão. Assume, em geral, as formas de Pesquisas Bibliográficas e Estudos de Caso.
As técnicas de coletas de dados das pesquisas quantitativas são várias. Cada uma apresenta vantagens e desvantagens. São elas:

- **Entrevista** - utilizada nas pesquisas de opinião e mercado. Sua utilização é visível quando, no questionário, existe uma série de perguntas abertas. Quando há necessidade de interação entre duas pessoas, a entrevista constitui-se no melhor método. Entretanto, cabe ressaltar que o entrevistador não pode direcionar ou influenciar a resposta do entrevistado. Na entrevista estruturada, as perguntas são formuladas e é apresentada ao entrevistado uma série de respostas possíveis. Na semi-estruturada, há uma variação entre perguntas fechadas e perguntas abertas. A entrevista não estruturada utiliza a técnica de conversa guiada, onde há apenas a existência de um tema geral. Existe uma série de técnicas de entrevistas que precisam ser respeitadas: ausência de expressão decorrente de julgamento de valor do pesquisador, respeito ao tempo do pesquisado, formulação da pergunta de forma adequada;
- **Questionário** - instrumento de coleta de dados que procura mensurar alguma coisa. Sua atribuição é de descrição de características do objeto analisado e de medição das variáveis. As perguntas de um

questionário são: perguntas fechadas (alternativas de respostas fixas ou estabelecidas) e perguntas abertas (respostas por frases ou orações). Naturalmente, as perguntas de questionário procuram responder aos objetivos específicos da pesquisa. Assim, devem estar em conformidade com o restante do trabalho.

2.3.3.2. Pesquisa Descritiva

A pesquisa descritiva visa descrever as características de determinada população ou fenômeno ou o estabelecimento de relações entre variáveis. Envolve o uso de técnicas padronizadas de coleta de dados: questionário e observação sistemática. Assume, em geral, a forma de levantamento;

2.3.3.3. Pesquisa Explicativa

A pesquisa explicativa visa identificar os fatores que determinam ou contribuem para a ocorrência dos fenômenos. Aprofunda o conhecimento da realidade porque explica a razão, o "porquê" das coisas. Quando realizada nas ciências naturais, requer o uso do método experimental, e nas ciências sociais requer o uso do método observacional. Assume, em geral, a formas de Pesquisa Experimental e Pesquisa Expost-facto.

2.3.4. Do Ponto de Vista dos Procedimentos Técnicos

Do ponto de vista dos procedimentos técnicos podemos ter:

2.3.4.1. Pesquisa Bibliográfica

Quando elaborada a partir de material já publicado, constituído principalmente de livros, artigos de periódicos e atualmente com material disponibilizado na Internet. A citação das principais conclusões a que outros autores chegaram permite salientar a contribuição da pesquisa realizada, demonstrar contradições ou reafirmar comportamentos e atitudes.

2.3.4.2. Pesquisa Documental

A pesquisa documental é elaborada a partir de materiais que não receberam algum tratamento analítico anteriormente.

2.3.4.3. Pesquisa Experimental

A pesquisa experimental ocorre quando se determina um objeto de estudo, selecionando-se as variáveis que seriam capazes de influenciá-lo, definindo-se as formas de controle e de observação dos efeitos que a variável produz no objeto.

2.3.4.4. Levantamento

O levantamento ocorre quando a pesquisa envolve a interrogação direta das pessoas cujo comportamento se deseja conhecer;

2.3.4.5. Estudo de caso

O estudo de caso envolve o estudo profundo e exaustivo de um ou poucos objetos de maneira que se permita o seu amplo e detalhado conhecimento;

2.3.4.6. Pesquisa Expost-Facto

Tipo de pesquisa que ocorre quando o "experimento" se realiza depois dos fatos ocorridos.

2.3.4.7. Pesquisa-Ação

A pesquisa-ação permite conhecer a realidade social empírica. A ênfase, nesse tipo de delineamento, é a relação teoria e prática. A preocupação do pesquisador desta forma de pesquisa é construir teoria para a prática. Essa forma de delineamento de pesquisa é amplamente utilizada por alguns consultores.
Muitos pesquisadores não veem com bons olhos sua aplicação, pois acham

que se gera teoria para atender interesses particulares, ou seja, há um comprometimento ideológico com a organização contratante. Quando concebida e realizada em estreita associação com uma ação ou com a resolução de um problema coletivo. Os pesquisadores e participantes representativos da situação ou do problema estão envolvidos de modo cooperativo ou participativo;

2.3.4.8. Pesquisa Participante

A pesquisa participante caracteriza-se pela participação do pesquisador no interior da pesquisa. Para que haja efetividade nessa forma de condução de pesquisa, é importante que o pesquisador tenha experiência e controle da dinâmica do processo de pesquisa.
As possibilidades de análises tendenciosas pela má aplicação dessas técnicas e pela análise dos dados com contradições são os principais problemas que um pesquisador poderá enfrentar nesta modalidade.

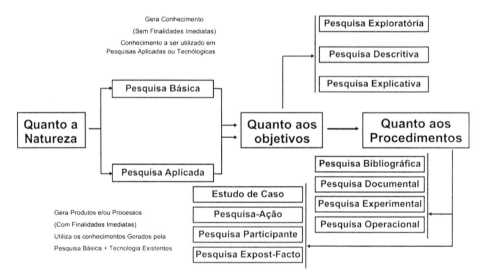

Figura 3 - Tipos de Pesquisa

2.4. Objetivos da Pesquisa

A pesquisa é realizada com o objetivo de descobrir algo novo, ou para corroborar ou refutar algo já conhecido, ou seja, a pesquisa serve, entre outras coisas, para evitar que seja reinventada a roda. Até porque a originalidade é um dos fatores que determinam o caráter científico de uma pesquisa. Fazer uma tese defendendo que a Terra gira ao redor do Sol é uma atitude não-científica. Entretanto, descobrir uma forma diferente para comprovar esse fenômeno, torna esse trabalho uma tese científica.

A motivação básica que leva o indivíduo a realizar uma pesquisa é o aprendizado, seja do método científico, seja das técnicas empregadas ou ainda do assunto em foco na pesquisa. Outros aspectos menos nobres como projeção acadêmica, titulação ou melhoria financeira são motivos que também levam o indivíduo a realizar uma pesquisa científica.

A pesquisa inicia-se sempre de uma pergunta. A pergunta gera uma dúvida a respeito de algo que não conhecemos ou do qual duvidamos. Existem perguntas cujas respostas são encontradas na literatura, mas há perguntas cujas respostas não são conhecidas. O pesquisador deve então procurar respostas às perguntas que ainda não foram respondidas ou o foram de maneira incompleta, insatisfatória ou inadequada.

Ao finalizar uma pesquisa científica, espera-se que a dúvida que gerou a atividade de pesquisa esteja respondida. É intrínseco ao processo que, durante sua execução, ocorram diversos obstáculos e que o pesquisador se esforce para superá-los. Assim, ao finalizar uma pesquisa, podemos enxergar nela sua utilidade futura:

- O pesquisador aprendeu o método científico e diversas técnicas e procedimentos necessários à execução da pesquisa. Agora está capacitado para desenvolver outros trabalhos;
- Para a sociedade, a pesquisa respondeu a questões pendentes e veio dirimir dúvidas a respeito de algo. Um novo conhecimento foi acrescentado ao rol dos já existentes;
- Para a comunidade científica, além de obter uma resposta para algo antes desconhecido, novas questões surgem a partir da resposta daquela pergunta que originou o trabalho e novas pesquisas poderão surgir.

2.5. Planejamento da Pesquisa

Pesquisa é a construção de conhecimento original de acordo com exigências científicas. Para que o estudo seja considerado científico, o pesquisador deve obedecer aos critérios de coerência, consistência, originalidade e objetivação.

É desejável que uma pesquisa científica preencha os seguintes requisitos:

- A existência de uma pergunta que se deseja responder;
- A elaboração de um conjunto de passos que permitam chegar à resposta;
- A indicação do grau de confiabilidade na resposta obtida.

O planejamento da pesquisa dependerá basicamente de quatro fases (Figura 4):

- **Fase decisória**: referente à escolha do tema, à definição e à delimitação do problema de pesquisa;
- **Fase construtiva**: referente à elaboração da hipótese, a construção de um plano de pesquisa e execução da pesquisa propriamente dita;
- **Fase redacional**: referente à análise dos dados e informações obtidas na fase construtiva. É a organização das ideias de forma sistematizada visando à elaboração do relatório final.
- **Fase final**: onde os resultados da pesquisa são validados e apresentados.

Capítulo 2 - Pesquisa Científica

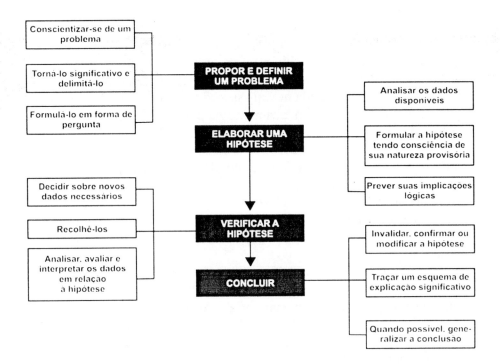

Figura 4 - Proposta de planejamento da Pesquisa Científica

2.6. Etapas da Pesquisa

O planejamento e a execução de uma pesquisa fazem parte de um processo sistematizado que compreende etapas que podem ser detalhadas da seguinte forma:

2.6.1. Escolha do tema

- O que Pesquisar?
- Um aspecto ou uma área de interesse que se deseja provar ou desenvolver;
- Assunto interessante para o pesquisador. Neste caso, a originalidade não é pré-requisito;
- Fontes temáticas: vivência diária, questões polêmicas, reflexão, leituras, conversações, debates, discussões.

O primeiro grande problema para o pesquisador é determinar o escopo da pesquisa. Nesta etapa deve-se responder à pergunta: "Qual o tema que se pretende abordar?" O tema é um aspecto ou uma área de interesse de um assunto que se deseja provar ou desenvolver. Escolher um tema significa eleger uma parcela delimitada de um assunto, estabelecendo limites ou impondo restrições para o desenvolvimento da pesquisa pretendida.

O primeiro passo é livrar-se da noção de que se vai produzir um trabalho final e absoluto sobre a área de interesse escolhida. Para limitar o escopo da pesquisa é importante estabelecer critérios que facilitem a construção de uma estrutura interessante e bem elaborada do tema. A definição do tema pode surgir com base na observação do cotidiano, na vida profissional, em programas de pesquisa, em contato e relacionamento com especialistas, nos resultados de pesquisas já realizadas e em estudo da literatura especializada.

O tema é necessariamente amplo, precisando bem o assunto geral sobre o qual se deseja realizar a pesquisa. Sua escolha deverá levar em conta a atualidade e relevância, o conhecimento do pesquisador a respeito, sua preferência e sua aptidão pessoal para lidar com o tema escolhido. Definido isso, o pesquisador deverá levantar e analisar a literatura já publicada sobre o tema e definir o título do trabalho.

2.6.1.1. Escolha do Título

O título, acompanhado ou não por subtítulo, difere do tema. Enquanto este último sofre um processo de delimitação e especificação, para torná-lo viável à realização da pesquisa, o título sintetiza o conteúdo da mesma.

2.6.2. Revisão de literatura

- **Quem já pesquisou algo semelhante?**

    • Busca de trabalhos semelhantes ou idênticos;
    • Pesquisas e publicações na área.

Nesta fase, o pesquisador deverá responder às seguintes questões: quem já escreveu e o que já foi publicado sobre o assunto, que aspectos já foram abordados, quais as lacunas existentes na literatura. Este tipo de revisão é particularmente útil para se saber o quanto de conhecimento está disponível sobre o tema que se quer abordar.

A revisão da literatura pode ter como objetivos determinar o "estado da arte", ser uma revisão teórica, ser uma revisão empírica ou ainda ser uma revisão histórica. Ela é fundamental, porque fornecerá elementos para evitar a duplicação de pesquisas sobre o mesmo enfoque do tema e favorecerá a definição de contornos mais precisos do problema a ser estudado.

2.6.3. Justificativa

- Por que abordar esse tema?

    - Vantagens e benefícios que a pesquisa irá proporcionar;
    - Importância pessoal ou cultural;
    - Deve ser convincente.

Um mesmo tema pode ser abordado de vários ângulos diferentes e, dependendo do nível de conhecimento, esses ângulos são infinitos. Na justificativa deve ser explicada, de forma breve, a relevância de se realizar a pesquisa e a situação atual do conhecimento sobre o tema. É o momento do texto aonde o leitor deve ser cativado, seduzido. Deve-se deixá-lo envolvido com o tema para que ele queira saber quais os métodos utilizados para responder a pergunta de pesquisa e os resultados encontrados. Para tanto, o pesquisador deve refletir sobre "o porquê" da realização da pesquisa procurando identificar as razões da preferência pelo tema escolhido e sua importância em relação a outros temas. Ela deverá convencer sobre a importância e a relevância da pesquisa proposta.

Perguntas que devem ser respondidas nesta fase: o tema é relevante e, se é, por quê? Quais os pontos positivos percebidos na abordagem proposta? Que vantagens e benefícios que a pesquisa irá proporcionar?

Devem existir parágrafos que respeitem uma ordem de desenvolvimento das ideias. O ideal é um contexto no qual o primeiro parágrafo define o tema da pesquisa e os seguintes (um ou dois parágrafos) sua importância. Posteriormente, um ou dois parágrafos situando o estado atual do conhecimento e finalmente um parágrafo final realçando a pergunta de pesquisa.

2.6.4. Formulação do Problema

■ Que respostas estou disposto a responder?

• Definir claramente o problema
• Delimitá-lo em termos de tempo e espaço

Depois de determinar o assunto na área de interesse da pesquisa, o passo seguinte é formular um problema relevante ao tema. A formulação do problema prende-se ao tema proposto: ela esclarece a dificuldade específica com a qual se defronta e que se pretende resolver por intermédio da pesquisa. Nesta etapa o pesquisador irá refletir sobre o problema que pretende resolver na pesquisa, se é realmente um problema e se vale a pena tentar encontrar uma solução para ele.

A pesquisa científica depende da formulação adequada do problema, isto porque objetiva buscar sua solução. Se os limites do problema não forem definidos corretamente, será muito difícil para o pesquisador obter êxito nas etapas seguintes da pesquisa.

Para ser cientificamente válido, um problema deve atender aos seguintes questionamentos:

• Pode ser enunciado em forma de pergunta?
• Corresponde a interesses pessoais, sociais e científicos, isto é, de conteúdo e metodológicos?
• Os interesses estão harmonizados?
• Constitui-se em questão científica, ou seja, relacionam-se entre si pelo menos duas variáveis?
• Pode ser objeto de investigação sistemática, controlada e crítica?
• Pode ser empiricamente verificado em suas consequências?

Conclui-se que a formulação do problema deve consistir em um enunciado explícito e objetivo, compreensível e operacional, cujo melhor modo de solução ou é uma pesquisa ou pode ser resolvido por meio de processos científicos. Assim, perguntas retóricas, especulativas e afirmativas não são consideradas perguntas científicas para formalizar um problema.

2.6.4.1. Hipótese

Hipótese é um conjunto estruturado de argumentos e explicações que possivelmente justificam dados e informações, porém, que ainda não foi confirmado ou negado por observação ou experimentação. É a afirmação positiva, negativa ou condicional (ainda não testada) sobre determinado problema ou fenômeno. Assim, as hipóteses são suposições feitas na tentativa de explicar o problema, constituindo-se em "respostas" supostas e provisórias ao problema, surgindo da observação, resultados de outras pesquisas, teorias ou mesmo da intuição.

A principal suposição é denominada "hipótese básica", podendo ser complementada por outras suposições, que recebem a denominação de "hipóteses secundárias". Como resposta e explicação provisória, uma hipótese relaciona duas ou mais variáveis do problema levantado. Ela deve ser passível de comprovação e responder ao problema proposto, além de servir de guia na pesquisa para verificar sua validade.

Uma hipótese deve apresentar como características:

- Consistência lógica;
- Ser Verificável;
- Simplicidade;
- Relevância;
- Sustentação teórica;
- Especificidade;
- Plausibilidade;
- Clareza;
- Profundidade;
- Originalidade.

2.6.5. Determinação dos Objetivos: Geral e Específicos

- **O que pretendo alcançar com a pesquisa?**

    - Objetivo geral – qual o propósito da pesquisa?
    - Objetivos específicos – abertura do objetivo geral em outros menores, com maiores detalhes;

Os objetivos representam a questão central da pesquisa e são apresentados como frases afirmativas e devem ser sempre expressos em verbos de ação, por exemplo: "Comparar a segurança de sistemas de comunicação sem fio com sistemas estruturados, na transmissão de pacotes de voz por meio de ferramentas de monitoração automáticas".

São os objetivos que informam para que está sendo proposta a pesquisa, isto é, quais os resultados que se pretende alcançar ou qual a contribuição que a pesquisa irá efetivamente proporcionar. Nesta etapa o pesquisador demonstra sua intenção ao propor a pesquisa. Deverá sintetizar o que pretende alcançar com a pesquisa. Os objetivos devem estar coerentes com a justificativa e o problema proposto.

O objetivo geral será a síntese do que se pretende alcançar e está ligado a uma visão global e abrangente do tema. Relaciona-se com o conteúdo intrínseco, quer dos fenômenos e eventos, quer das ideias estudadas. Vincula-se diretamente à própria significação da pesquisa. Já os objetivos específicos explicitarão os detalhes e serão um desdobramento do objetivo geral. Apresentam caráter mais concreto e têm função intermediária e instrumental, permitindo de um lado, atingir o objetivo geral e, de outro, aplicar este a situações particulares.

Os enunciados dos objetivos devem começar com um verbo no infinitivo e este verbo deve indicar uma ação passível de mensuração. Como exemplos de verbos usados na formulação dos objetivos, podem-se citar para:

- **Determinar estágio cognitivo de conhecimento:** os verbos apontar, arrolar, definir, enunciar, inscrever, registrar, relatar, repetir, sublinhar e nomear;
- **Determinar estágio cognitivo de compreensão:** os verbos descrever, discutir, esclarecer, examinar, explicar, expressar, identificar, localizar, traduzir e transcrever;
- **Determinar estágio cognitivo de aplicação:** os verbos aplicar, demonstrar, empregar, ilustrar, interpretar, inventariar, manipular, praticar, traçar e usar;
- **Determinar estágio cognitivo de análise:** os verbos analisar, classificar, comparar, constatar, criticar, debater, diferenciar, distinguir, examinar, provar, investigar e experimentar;
- **Determinar estágio cognitivo de síntese:** os verbos articular, compor, constituir, coordenar, reunir, organizar e esquematizar;
- **Determinar estágio cognitivo de avaliação:** os verbos apreciar, ava-

liar, eliminar, escolher, estimar, julgar, preferir, selecionar, validar e valorizar.

A partir de um objetivo bem determinado, a metodologia que melhor irá responder a questão deve ser determinada. Neste item será resumido a uma frase, por exemplo, estudo bibliográfico. A duração do seguimento (follow up) deve ser explicitada, se necessário.

2.6.6. Metodologia

A metodologia de pesquisa é definida como o conjunto de técnicas e processos utilizados pela ciência para formular e resolver problemas de aquisição objetiva do conhecimento de maneira sistemática. Através do método científico é possível ordenar as etapas a serem executadas na investigação do problema ou fenômeno sob investigação.

O método científico se caracteriza por observar ou realizar experimentações a partir das diversas grandezas que compõem o fenômeno ou experimento. Dentre os objetivos do seu uso podemos ressaltar:

- Produzir conhecimento prático e aplicável, que poderá ser usado diretamente para a previsão e/ou controle de fenômenos e ocorrências;
- Utilizar uma expressão objetiva e detalhada não apenas do saber que é produzido, mas também do modo como se chegou até ele, permitindo um conhecimento verificável, transmissível e compartilhável, independente do seu conteúdo.

O método científico nos permite responder aos seguintes questionamentos:

- **Como se procederá a pesquisa?**

    - Quais caminhos para se chegar aos objetivos propostos?
    - Qual o tipo de pesquisa?
    - Qual o universo da pesquisa?
    - Será utilizada amostragem?
    - Quais os instrumentos de coleta de dados?
    - Como foram construídos os instrumentos de pesquisa?

- Qual a forma que será usada para a tabulação de dados?
- Como interpretará e analisará os dados e informações?

Ao aplicar uma metodologia, o pesquisador irá definir onde e como será realizada a pesquisa. Definirá o tipo de pesquisa, a população (universo da pesquisa), a amostra, os instrumentos de coleta de dados e a forma como pretende tabular e analisar os dados obtidos.

População (ou universo da pesquisa) é a totalidade de indivíduos que possuem as mesmas características definidas para um determinado estudo. Amostra é parte da população ou do universo, selecionada de acordo com uma regra ou plano. A amostra pode ser não-probabilística e probabilística. Para definição das amostras recomenda-se a aplicação de técnicas estatísticas. Amostras não-probabilísticas podem ser:

- **Amostras acidentais:** compostas por acaso, com informações que vão surgindo;
- **Amostras por quotas:** diversos elementos constantes do universo da pesquisa, na mesma proporção;
- **Amostras intencionais:** escolhidos casos para a amostra que representem o "bom julgamento" do universo da pesquisa.

Amostras probabilísticas são compostas por sorteio e podem ser:

- **Amostras casuais simples:** cada elemento do universo da pesquisa tem oportunidade igual de ser incluído na amostra;
- **Amostras casuais estratificadas:** cada estrato, definido previamente, estará representado na amostra;
- **Amostras por agrupamento:** reunião de amostras representativas do universo da pesquisa.

2.6.7. Coleta de Dados

- O processo de coleta de dados

    - Como irá ocorrer? Através de que meios? Por quem? Quando? Onde?

Nesta etapa o pesquisador fará a pesquisa de campo propriamente dita. Para obter êxito neste processo, duas qualidades são fundamentais: a paciência e a persistência.

A definição do instrumento de coleta de dados dependerá dos objetivos que se pretende alcançar e do universo a ser investigado. Os instrumentos de coleta de dados tradicionais são:

2.6.7.1. Observação

Quando se utilizam os sentidos na obtenção de dados de determinados aspectos da realidade. A observação pode ser:

- **Observação assistemática:** não tem planejamento e controle previamente elaborados;
- **Observação sistemática:** tem planejamento, realiza-se em condições controladas para responder aos propósitos preestabelecidos;
- **Observação não-participante:** o pesquisador presencia o fato, mas não participa;
- **Observação individual:** realizada por um pesquisador;
- **Observação em equipe:** feita por um grupo de pessoas;
- **Observação na vida real:** registro de dados à medida que ocorrem;
- **Observação em laboratório:** onde tudo é controlado.

2.6.7.2. Entrevista

Trata-se da obtenção de informações de um entrevistado, sobre determinado assunto ou problema. A entrevista pode ser:

- **Padronizada ou estruturada:** roteiro previamente estabelecido;
- **Sem padrão ou não-estruturada:** não existe rigidez de roteiro. Podem-se explorar mais amplamente algumas questões.

2.6.7.3. Questionário

É uma série ordenada de perguntas que devem ser respondidas por escrito pelo informante. O questionário deve ser objetivo, limitado em extensão e estar acompanhado de instruções As instruções devem esclarecer o propósito de sua aplicação, ressaltar a importância da colaboração do informante e facilitar o preenchimento. As perguntas do questionário podem ser:

- **Abertas:** "Qual é a sua opinião?";
- **Fechadas:** duas escolhas: sim ou não;
- **De múltiplas escolhas:** fechadas com uma série de respostas possíveis.

Recomenda-se que o questionário seja construído em blocos temáticos obedecendo a uma ordem lógica na elaboração das perguntas relacionadas aos objetivos da pesquisa. A redação das perguntas deve ser feita em linguagem compreensível e acessível ao entendimento da média da população estudada. A formulação das perguntas deverá evitar a possibilidade de interpretação dúbia, sugerir ou induzir a resposta. Cada pergunta deve focar apenas uma questão para ser analisada pelo informante.

2.6.7.4. Formulário

É uma coleção de questões e anotadas por um entrevistador numa situação face a face com a outra pessoa (o informante). O instrumento de coleta de dados escolhido deverá proporcionar uma interação efetiva entre o pesquisador, o informante e a pesquisa que está sendo realizada.

A coleta de dados estará relacionada com o problema, a hipótese ou os pressupostos da pesquisa e objetiva obter elementos para que os objetivos propostos na pesquisa possam ser alcançados. Neste estágio o pesquisador escolhe também as possíveis formas de tabulação e apresentação de dados e os meios (os métodos estatísticos, os instrumentos manuais ou computacionais) que serão usados para facilitar a interpretação e análise dos dados. A metodologia adotada deve estar adequada à necessidade requerida para criação específica do modelo de pesquisa proposto. A coleta de dados exige um bom planejamento, que é justamente o que deve estar contido na metodologia do projeto.

Devem-se elaborar os questionários e roteiros de entrevistas com antecedência e discuti-los com o professor orientador antes da aplicação a campo. Os questionários podem apresentar questões abertas ou fechadas, podem ser de múltpla escolha, de alternativas fixas ou de escala. Na maioria dos casos, devido à impossibilidade de se trabalhar com todo o "grupo alvo" é necessário que se faça uma pesquisa por amostragem.

2.6.8. Tabulação e Apresentação dos Dados

- Como organizar os dados obtidos?

    - Recursos: índices, cálculos estatísticos, tabelas, quadros e gráficos.

Nesta etapa o pesquisador poderá lançar mão de recursos manuais ou computacionais para organizar os dados obtidos na pesquisa de campo. Atualmente, com as facilidades proporcionadas pela informática, é natural a escolha dos recursos computacionais para dar suporte à elaboração de índices e cálculos estatísticos, tabelas, quadros e gráficos.

2.6.8.1. Análise e Discussão dos Resultados

- Como os dados coletados serão analisados?

    - Confirmar ou refutar a hipótese proposta.

Nesta etapa o pesquisador interpretará e analisará os dados que tabulou e organizou na etapa anterior. A análise deve ser feita para atender aos objetivos da pesquisa e para comparar e confrontar dados e provas com o objetivo de confirmar ou rejeitar a(s) hipótese(s) ou os pressupostos da pesquisa.

2.6.8.2. Conclusão dos Resultados Obtidos

- Sintetizar os resultados obtidos;
- Evidenciar as conquistas alcançadas com o estudo;
- Indicar as limitações e as reconsiderações;
- Apontar a relação entre fatos verificados e teoria
- Contribuição da pesquisa para o meio acadêmico, empresarial ou desenvolvimento da ciência e tecnologia.

Nesta etapa o pesquisador já tem condições de sintetizar os resultados obtidos com a pesquisa. Deverá explicitar se os objetivos foram atingidos, se a(s) hipótese(s) ou os pressupostos foram confirmados ou rejeitados e, principalmente, deverá ressaltar a contribuição da sua pesquisa para o meio acadêmico ou para o desenvolvimento da ciência e da tecnologia.

2.6.8.3. Redação e Apresentação do Trabalho Científico

• Redigir relatório de pesquisa: monografia, dissertação ou tese;
• Utilizar as normas pré-estabelecidas.

Nesta etapa o pesquisador deverá redigir seu relatório de pesquisa. O texto deverá ser escrito de modo apurado, preciso e agradável. Normas de documentação da Associação Brasileira de Normas Técnicas devem ser consultadas visando à padronização das indicações bibliográficas e a apresentação gráfica do texto.

CAPÍTULO 3

3. Projeto de Pesquisa Científica

O Projeto de Pesquisa é uma das etapas componentes do processo de elaboração, execução e apresentação da pesquisa. Trata-se do documento que tem por finalidade antever e metodizar as etapas operacionais do trabalho de pesquisa. Nele, são traçados os caminhos que deverão ser trilhados para alcançar os objetivos da pesquisa. O projeto de pesquisa científica depende do tema, do problema a ser estudado, da sua natureza e situação em que se encontra, área de atuação e nível de conhecimento do pesquisador.

3.1. Projeto de Pesquisa

Projeto, do latin pro-jicere, significa, literalmente colocar adiante. A elaboração de qualquer projeto depende de dois fatores fundamentais: a capacidade de construir a imagem mental de uma situação futura e a capacidade de conceber um plano de ação a ser executado em um tempo determinado que vai permitir sua realização. Portanto, é preciso entender que o trabalho de pesquisa deve apresentar um planejamento a longo prazo e, cabe aos envolvidos, trabalhar conscientemente e, com a participação efetiva de todos, na intenção de criar uma firme convicção de interdisciplinaridade.

O projeto de pesquisa é uma das fases do processo de elaboração, execução e apresentação de uma pesquisa de cunho científico. É o planejamento feito antes de se começar a pesquisa propriamente dita, a fim de delimitar e definir o tema que será pesquisado, a metodologia a ser utilizada na coleta dos dados, as etapas que serão seguidas, a ordem para o seu desenvolvimento, o tempo e os recursos necessários para a sua execução e as fontes das referências que serão utilizadas inicialmente.

O ponto de partida do processo de elaboração da monografia de conclusão de curso de graduação ou de especialização, da dissertação ou da tese é o projeto de pesquisa, eixo norteador da ação que o pesquisador desencadeará ao longo da pesquisa. A finalidade desse projeto é antever e metodizar as fases de execução da pesquisa. Além de ser uma visão antecipada dos passos necessários para a realização da pesquisa, ele serve de guia para o desenvolvimento das demais etapas do trabalho.

No Projeto de Pesquisa Científica temos a escolha do tema, as hipóteses são determinadas e é definida a metodologia que será empregada na coleta dos dados. A coleta dos dados pode constar apenas de pesquisa bibliográfica ou ser complementada com outros recursos: entrevista, questionário, pesquisa de campo, entre outros. Sua elaboração é um processo em que, a partir de uma necessidade, se escolhe um tema e, gradativamente define-se um problema e as formas de solucioná-lo. É o documento que contempla a descrição da pesquisa em seus aspectos fundamentais, informações relativas ao sujeito da pesquisa, à qualificação do pesquisador e a todas as instâncias responsáveis.

Cada patrocinador possui regras próprias para a elaboração do projeto de pesquisa. As propostas aqui apresentadas são compilações dos modelos mais usuais, com as recomendações das legislações nacionais e internacionais. Independentemente do modelo seguido, a essência do projeto de pesquisa é a mesma, o que geralmente muda são os nomes dos itens e sua ordem de apresentação.

3.2. Obtendo Sucesso na Pesquisa

A pesquisa científica necessita ser planejada com extremo rigor, caso contrário o pesquisador, em determinado momento, encontrar-se-á perdido num emaranhado de informações, sem saber como dispor das mesmas ou até desconhecendo seu significado e importância. A execução da pesquisa depende das técnicas e procedimentos a serem adotados para a coleta e análise dos dados e sua natureza e objetivos requerem ferramentas adequadas para a resolução dos problemas propostos.

Na pesquisa científica nada se faz ao acaso. Desde a escolha do tema, fixação dos objetivos, determinação da metodologia, coleta dos dados, sua análise e interpretação para a elaboração do relatório final, tudo é previsto no projeto de pesquisa. Cada etapa rende seus próprios benefícios, acarreta seus próprios custos e, na mesma medida, exige recursos próprios. Dessa forma, um projeto de pesquisa deve incluir um conjunto de requisitos e critérios baseados em especificações que devem ser satisfeitas para que ele atenda as necessidades do seu proponente.

É muito difundida a visão de que o sucesso de um projeto se deve exclusivamente a capacidade intelectual de quem o desenvolve. Não se pode deixar de considerar as qualidades pessoais das pessoas envolvidas no processo de elaboração de um projeto, mas também é importante considerar o papel dos demais recursos envolvidos, principalmente o financeiro, para o desenvolvimento e qualidade dos resultados obtidos. Não é difícil entender que uma organização que dispõe de amplos recursos tem maior probabilidade de ser bem–sucedida ao empreender um projeto que outra cujos recursos sejam deficientes.

Por esse motivo, qualquer projeto deve, para obter sucesso, levar em consideração os benefícios que se querem alcançar, os custos financeiros e os recursos disponíveis. As pessoas envolvidas necessitam conhecer exatamente o alcance do trabalho proposto e devem prover-se dos equipamentos e materiais necessários para o desenvolvimento das atividades pertinentes. Em outras palavras, devem considerar todos os meios disponíveis, sejam eles humanos, materiais ou financeiros, necessários para a efetivação do projeto.

3.2.1. Custos, Benefícios e Recursos

Como toda atividade sistemática, um projeto de pesquisa exige que as ações desenvolvidas sejam adequadamente previstas. Muitas vezes a razão para o insucesso de um projeto está em uma falha ocorrida no seu início, no momento de se fazer três estimativas importantes: o custo financeiro, os benefícios esperados e os recursos disponíveis. Podemos dizer que para um projeto ser viável ele deve prover benefícios que excedam os custos e não deve vincular custos que excedam os recursos disponíveis.

Torna-se necessário analisar cada um desses aspectos por quatro motivos:

- Para decidir como cada etapa do projeto de pesquisa deverá ser conduzida;
- Para determinar como essas etapas deverão ser implementadas;
- Para auxiliar na decisão do que antecipar, retardar ou mesmo cancelar, de forma que o projeto possa prosseguir mesmo com recursos limitados;
- Para ajudar na estimativa dos custos e benefícios totais do projeto.

3.3. Desenvolvendo o Projeto de Pesquisa

De modo geral, a elaboração de um projeto de pesquisa passa por três fases distintas: fase de planejamento, fase de execução e fase final. O projeto inicia-se com o planejamento, que compreende a determinação do tema da pesquisa, a especificação dos objetivos, elaboração de hipóteses, a operacionalização dos recursos necessários, entre outros. Esse planejamento deve envolver também os aspectos referentes ao tempo estimado para a duração da pesquisa, sempre lembrando que um projeto possui data para início e término, para a inclusão da programação dos recursos disponíveis (humanos, materiais e financeiros), a realização de estudos e análises etc.

O passo seguinte é a fase de execução propriamente dita, onde temos o cumprimento das atividades programadas na fase anterior e a modificação de alguma etapa, se necessário. Esta fase inclui também o monitoramento e controle das atividades programadas e efetivamente executadas. Já a fase final inclui o encerramento das atividades de pesquisa, elaboração das conclusões, recomendações, entre outras atividades.

Assim, um projeto de pesquisa depende fundamentalmente da organização e coordenação das ações que devem ser desencadeadas durante seu desenvolvimento, necessitando ser sistematizado e executado a partir de uma visão estratégica e objetiva do tema escolhido. O projeto deve especificar claramente os objetivos que propõe alcançar, apresentando a justificativa de sua realização, um cronograma para seu desenvolvimento, bem como necessita que sejam definidos os procedimentos que devem ser seguidos para comprovar (ou não) o que foi proposto inicialmente.

3.4. Formulação do Problema

Em uma pesquisa, nada ocorre ao acaso. Desde a escolha do tema, fixação dos objetivos, determinação da metodologia, coleta dos dados, sua análise e interpretação para a elaboração do relatório final, tudo é previsto no projeto de pesquisa.

Um projeto deve trazer elementos que contemplem respostas às seguintes questões:

- O que pesquisar?
- Por que se deseja fazer a pesquisa?
- Para que se faz a pesquisa?
- Como será realizada a pesquisa?
- Quais recursos serão necessários?
- Quanto vai custar?
- Quanto tempo vai levar para executá-la?
- Quem são os responsáveis pela sua execução?

Na literatura sobre metodologia científica podem-se encontrar muitas recomendações a respeito da formulação do problema da pesquisa. Gil (1999) considera que as recomendações não devem ser rígidas e devem ser observadas como parâmetros para facilitar a formulação de problemas.
Eis algumas dessas recomendações:

- O problema deve ser formulado como pergunta, para facilitar a identificação do que se deseja pesquisar;
- O problema tem que ter dimensão viável: deve ser restrito para permitir a sua viabilidade. O problema formulado de forma ampla poderá tornar inviável a realização da pesquisa;
- O problema deve ter clareza: os termos adotados devem ser definidos para esclarecer os significados com que estão sendo usados na pesquisa;
- O problema deve ser preciso: além de definir os termos é necessário que sua aplicação esteja delimitada.

3.5. A Escolha do Problema

Muitos fatores determinam a escolha de um problema de pesquisa. Para Rudio (2000), o pesquisador, neste momento, deve fazer as seguintes perguntas:

- O problema é original?
- O problema é relevante?
- Ainda que seja "interessante", é adequado para uma pesquisa?
- Há possibilidades reais para executar tal pesquisa?
- Existem recursos financeiros que viabilizarão a execução do projeto?
- Há tempo suficiente para investigar tal questão?

O problema sinaliza o foco que se dará à pesquisa. Geralmente são considerados na escolha deste foco:

- **A relevância do problema:** o problema será relevante em termos científicos quando propiciar conhecimentos novos à área de estudo e, em termos práticos, a relevância refere-se aos benefícios que sua solução trará para a humanidade, país, área de conhecimento, etc.;

• **A oportunidade de pesquisa**: você escolhe determinado problema considerando a possibilidade de obter prestígio ou financiamento.

3.6. Elaboração do Projeto de Pesquisa

O esquema para elaboração de um projeto de pesquisa não é único e não existem regras fixas para sua elaboração. No projeto de pesquisa você mostrará o que pretende fazer; que diferença a pesquisa trará para a área a qual pertence, para a universidade, para o país e para o mundo; como está planejada a execução; quanto tempo levará para a sua execução e quais as pessoas e os investimentos necessários à viabilização da pesquisa proposta (BARROS; LEHFELD, 1999).

Um esquema clássico de apresentação de projeto de pesquisa deverá conter:

3.6.1. Tema e Título

O tema é o assunto que se deseja provar ou desenvolver. Pode surgir de uma dificuldade prática enfrentada pelo pesquisador, da sua curiosidade científica, de desafios encontrados na leitura de outros trabalhos ou da própria teoria. Pode ter surgido pela entidade responsável, portanto, "encomendado", o que, no entanto não lhe tira o caráter científico.

O título, acompanhado ou não por subtítulo, difere do tema. Enquanto este último sofre um processo de delimitação e especificação, para torná-lo viável à realização da pesquisa, o título sintetiza o conteúdo da mesma.

3.6.2. Introdução

A introdução pode ser usada para demonstrar as coordenadas do trabalho: objetivos, metodologia etc. Também é aconselhável usar a introdução para definir os principais conceitos utilizados na pesquisa. Nesta parte serão apresentados o tema de pesquisa, o problema a ser pesquisado e a justificativa. É importante abordar o tema de forma a identificar os motivos ou o contexto no qual o problema ou as questões de pesquisa foram identificados.

Deve-se possibilitar uma visualização do problema e restringir sua abordagem apresentando as questões que motivaram a pesquisa. Indicam-se as hipóteses ou os pressupostos que estão guiando a execução da pesquisa. Hipóteses ou pressupostos são respostas provisórias para as questões colocadas acima. Aqui são relacionados os argumentos que indicam que a pesquisa é significativa, importante e/ou relevante, bem como os resultados esperados com a elaboração da pesquisa.

3.6.3. Objetivos

Neste item deverá ser indicado claramente o que se deseja fazer, o que pretende alcançar. Os objetivos podem ser:

- Objetivo Geral - Indica de forma genérica qual o objetivo a ser alcançado e está ligado a uma visão global e abrangente do tema. Relaciona-se com o conteúdo intrínseco, quer dos fenômenos e eventos, quer das ideias estudadas. Vincula-se diretamente à pesquisa proposta pelo projeto. Deve iniciar com um verbo de ação;
- Objetivos Específicos - Apresentam caráter mais concreto. Têm função intermediária e instrumental, permitindo de um lado, detalhar o objetivo geral mostrando o que se pretende alcançar com a pesquisa e, de outro, aplicar este a situações particulares.

São exemplos aplicáveis aos objetivos:

- **A pesquisa tem o objetivo de conhecer:** Apontar, citar, classificar, conhecer, definir, descrever, identificar, reconhecer, relatar;
- **A pesquisa tem o objetivo de compreender:** Compreender, concluir, deduzir, demonstrar, determinar, diferenciar, discutir, interpretar, localizar, reafirmar;
- **A pesquisa tem o objetivo de aplicar:** Desenvolver, empregar, estruturar, operar, organizar, praticar, selecionar, traçar, otimizar, melhorar;
- **A pesquisa tem o objetivo de analisar:** Comparar, criticar, debater, diferenciar, discriminar, examinar, investigar, provar, ensaiar, medir, testar, monitorar, experimentar;
- **A pesquisa tem o objetivo de sintetizar:** Compor, construir, documentar, especificar, esquematizar, formular, produzir, propor, reunir, sintetizar;
- **A pesquisa tem o objetivo de avaliar:** Argumentar, avaliar, contrastar, decidir, escolher, estimar, julgar, medir, selecionar.

3.6.4. Revisão da Literatura

Nesta parte se realiza uma análise comentada do que já foi escrito sobre o tema de sua pesquisa procurando mostrar os pontos de vista convergentes e divergentes dos autores. Procura-se mostrar os enfoques recebidos pelo tema na literatura publicada (livros e periódicos, por exemplo) e disponibilizada na Internet.

3.6.5. Metodologia

A denominação Metodologia poderia ser substituída por Procedimentos Metodológicos ou Materiais e Métodos. Neste item se mostra como será executada a pesquisa e o desenho metodológico que se pretende adotar: será do tipo quantitativa, qualitativa, descritiva, explicativa ou exploratória. Será um levantamento, um estudo de caso, uma pesquisa experimental, etc.
Define-se em que população (universo) será aplicada a pesquisa e explica-se como será selecionada a amostra e o quanto esta corresponde percentualmente em relação à população estudada.
Deve-se indicar como se pretende coletar os dados, como tais dados serão analisados e que instrumentos de pesquisa pretende usar: observação, questionário, formulário, entrevistas. É necessário elaborar um instrumento de pesquisa e anexá-lo ao projeto.

3.6.6. Cronograma

Neste ponto são identificadas cada uma das etapas da pesquisa: Elaboração do projeto, Coleta de Dados, Tabulação e Análise de dados, Elaboração do Relatório Final. Um cronograma estimando o tempo necessário para executar cada uma das etapas deverá ser apresentado.

3.6.7. Orçamento

Neste item elabora-se um orçamento com a estimativa dos investimentos necessários, isto é, que tornem viável a realização da pesquisa: material de consumo, material permanente etc.
Todas as quantidades e valores monetários devem ser relacionadas e um somatório com o valor global deve ser apresentado.

3.6.8. Participantes

Neste item são indicados nominalmente os participantes do projeto. Indica-se também a função de cada um no projeto, por exemplo: Coordenador, Pesquisador, Auxiliar de Pesquisa. No caso de teses e dissertações indica-se o nome do Orientador, Co-orientador, Linha de Pesquisa e nome dos autores da pesquisa.

3.6.9. Referências

Neste item são relacionadas as referências bibliográficas, de acordo com a norma ABNT NBR 6023.

3.6.10. Anexos

Neste item serão anexadas cópias do instrumento de coleta de dados que se pretenderá usar (por exemplo, questionário, formulário, roteiro de entrevista) e outros documentos citados como prova no texto.

3.7. Elaboração do Projeto

O projeto de pesquisa constitui-se basicamente da documentação representativa de um processo de planejamento que determina, entre outras coisas, as ações e condições necessárias para resolver problemas, alterar uma situação ou criar novas alternativas. Não há, evidentemente, regras fixas ou modelos para a sua elaboração. Sua estrutura é determinada pelo tipo de problema que deverá ser solucionado e também pelo enfoque dado pelas pessoas envolvidas no seu desenvolvimento. Entretanto, é necessário que o projeto esclareça como se dará o desenvolvimento dos trabalhos e quais os recursos que devem ser alocados para atingir seus objetivos.

Pelo fato de um projeto possuir características únicas, ou seja, de se desenvolver em condições não repetitivas de estruturas organizacionais, orçamentos, conhecimentos, fatores culturais, etc., ele envolve certo grau de incerteza. Por esse motivo é necessário também que o projeto seja suficientemente detalhado para proporcionar a avaliação de todo o processo com maior exatidão, facilitando a correção de eventuais desvios.

Na maioria dos projetos, como em outras atividades do ser humano, nem tudo sai como se planeja. Para garantir que um projeto será desenvolvido conforme o planejado, os envolvidos deverão aplicar um grande esforço no controle do mesmo. Um acompanhamento atento e cuidadoso do que foi executado no projeto permite que se possa, a qualquer momento, detalhar para onde se está indo e se as atividades estão ocorrendo nos prazos e custos estabelecidos inicialmente.

Neste momento, o planejamento mostra o que se pretende fazer e o acompanhamento mostra como está sendo feito. Analisados em conjunto, ambos podem evidenciar as situações em que o desejado e o realizado apresentaram variações, permitindo identificar as atividades que saíram do caminho traçado originalmente, possibilitando ações que possam alinhar novamente o trabalho do projeto de volta ao rumo previsto.

O projeto de pesquisa pode ser dividido em três etapas e cada uma dessas etapas necessita ser terminada antes do início da próxima. São elas:

- **Planejamento da Pesquisa** – inclui a ideia da pesquisa, o plano de intenção, revisão da literatura e o projeto de pesquisa;
- **Execução da Pesquisa** – envolve a pesquisa-piloto, coleta de dados, armazenamento de dados, tabulação dos dados, análise dos dados, interpretação dos dados e Relatório Final;
- **Divulgação da Pesquisa** – publicação do tema por meio de um artigo científico.

A estruturação de cada um dos itens e a sistematização serão fundamentais para divulgar a pesquisa e permitir que ela seja avaliada quanto a sua relevância, qualidade, validade, importância e aplicabilidade.

3.8. Estrutura de Projeto de Pesquisa

O Projeto de Pesquisa é uma proposta específica e detalhada, com o objetivo de definir uma questão e a forma pela qual ela será investigada, estando sujeito a modificações durante o seu desenvolvimento. Portanto, trata-se de um documento que contempla a descrição da pesquisa em seus aspectos fundamentais, informações relativas ao sujeito da pesquisa, à qualificação dos pesquisadores e a todas as instâncias responsáveis.

Um Projeto de Pesquisa é, em geral, estruturado em três partes, sendo composto de elementos pré-textuais (preliminares), formado por capa e sumário, por elementos textuais (Introdução, Objetivos, Justificativa e Metodologia) e elementos pós-textuais (Cronograma, Bibliografia e anexos). Ele deve ser apresentado de maneira clara e de forma resumida, porém nem todos os modelos de projetos de pesquisa incluem uma introdução com esse fim. Muitas vezes passa-se diretamente aos objetivos propostos. Mas é bom não esquecer de que quem lê um projeto lê outro. É sempre conveniente, portanto, introduzir o tema da pesquisa, procurando captar a atenção do leitor/avaliador para a proposta. A redação também deve ser correta e bem cuidada.

3.9. Projeto de Pesquisa Básico

A estrutura do plano definitivo, etapa posterior à redação do Projeto, provê os conteúdos de cada parte do trabalho, com as respectivas subdivisões, devidamente indicadas no sumário.
O sumário é, de certa forma, um plano de redação resumido do trabalho. Um projeto bem elaborado pode ser aproveitado para o trabalho científico definitivo, transportando-se partes ou parágrafos, cuja redação deverá ser ajustada, para não ocorrer quebra de continuidade no texto.
Um Projeto de Pesquisa básico deve conter os seguintes elementos:

- Escolha do tema;
- Título e subtítulo (se houver);
- Delimitação do tema;
- Formulação do Problema;
- Objetivos gerais e específicos;
- Hipóteses;
- Revisão bibliográfica;
- Introdução e Justificativa;
- Fundamentação teórica;
- Metodologia;
- Cronograma;
- Orçamento;
- Bibliografia básica.

OBS: Algumas entidades solicitam que a justificativa da escolha do tema seja apresentada logo após o título do trabalho.

3.9.1. Escolha do Tema

A escolha do tema deve recair sobre um assunto significativo, atual, que apresente algum interesse prático ou teórico, e que seja adequado ao nível de formação e à condição do pesquisador. Portanto, há um conjunto de requisitos que envolvem a escolha do tema da pesquisa e que dizem respeito ao assunto escolhido e às possibilidades intelectuais e materiais do pesquisador.

Um bom tema apresenta diversos aspectos e possibilidades de enfoque. A partir da escolha do tema seleciona-se um aspecto ou tópico que deverá ser profundamente estudado. Este aspecto será o "problema" da pesquisa, ou em outras palavras, o "problema" é o assunto em questão que se deseja estudar e que é passível de análise e demonstração. Outro requisito exigido para a escolha do tema é a obediência aos critérios de originalidade, oportunidade, relevância e viabilidade:

- A originalidade nem sempre se refere ao tema propriamente dito, mas ao tipo de abordagem do assunto. Mesmo que o tema já tenha sido desenvolvido anteriormente, um novo enfoque, com novos argumentos e pontos de vista ou a exploração de um aspecto diferente já configuram a originalidade;
- A oportunidade diz respeito ao ambiente social e aos interesses da sociedade e da comunidade científica;
- A relevância está ligada à importância do tema, ou seja, estar ligado, de alguma forma, a questões de interesse geral ou social, referindo-se a questão teórica ou complementando estudos sobre um determinado assunto. Para isso, o tema não deve ser muito complexo, de interesse restrito ou simples demais. Devem-se evitar temas que abordem assuntos com muitos estudos realizados, o que torna difícil adotar um enfoque original ou temas muito recentes, que ofereçam poucas referências bibliográficas, dificultando a apresentação de novas contribuições para seu esclarecimento;
- A viabilidade aponta os aspectos práticos da pesquisa: prazos, existência de bibliografia acessível, adequação ao nível intelectual dos autores e recursos (materiais, humanos e financeiros).

3.9.2. Delimitação do Tema

Refere-se à extensão e profundidade do enfoque, transformando o tema em "problema". O objetivo aqui é levantar questões implícitas ou explícitas para discussão e reflexão das ideias sugeridas inicialmente pelo tema (problematização). Formular o problema significa identificá-lo, defini-lo, circunscrever os seus limites, isolar e compreender seus fatores peculiares.
Para delimitar o tema é necessário um levantamento bibliográfico preliminar que permita conhecer informações e possibilitem estudar em profundidade o tema escolhido evitando que se proponha o desenvolvimento de temas já pesquisados exaustivamente, entre outras questões. Nesta fase pode-se partir para a leitura de obras originais (dicionários, enciclopédias, resumos) e para outras obras de caráter mais específico.

3.9.3. Formulação do Problema

Redação do problema de pesquisa em um só parágrafo, enunciado em forma de pergunta. Consiste na dúvida que a pesquisa buscará observar, analisar e/ou responder.

3.9.4. Objetivo Geral e Objetivos Específicos

Os objetivos são definidos a partir do(s) problema(s) proposto(s). Representam a operacionalização da pesquisa. São explicitados, geralmente, por meio de verbos no infinitivo, de forma direta, com termos claros, precisos e coerentes com o que se pretende observar, desvelar, analisar, interpretar, discutir, propor etc.
Subdividem-se em geral, quando descreve o que se pretende com a pesquisa, ou seja, relaciona-se com o tema e quando algumas metas da pesquisa não terão condições de ser alcançadas no final do trabalho proposto, mas somente algum tempo depois.
Os objetivos específicos descrevem os passos para a realização do objetivo geral e acham-se ligados ao assunto delimitado. Eles são específicos quando as metas formuladas tem grandes condições de ser alcançadas até o final do trabalho de pesquisa proposto.
Para a redação dos objetivos usam-se verbos de ação, no infinitivo: identificar, avaliar, analisar, verificar, descrever, demonstrar etc. Ao escolher o

verbo, deve-se sempre dar à frase o sentido mais adequado à meta que se deseja alcançar e ao tipo de pesquisa que está sendo realizada.

3.9.5. Hipóteses

Hipótese é uma suposição que será o ponto de partida para a realização da pesquisa. Consiste numa afirmação, uma solução provisória proposta para o problema formulado, que o pesquisador considera como verdadeira e que tentará provar durante o desenvolvimento da pesquisa. Uma hipótese poderá ser confirmada ou rejeitada, não pode contrariar evidências e deve ser verificável.

A pesquisa científica se desenvolve em torno das hipóteses, ou seja, o desenvolvimento da pesquisa nada mais é que a tentativa de comprovar ou rejeitar as hipóteses formuladas. Assim, a hipótese se constitui em elaborar afirmação(ões) provável(is), suposta(s) e provisória(s) ao problema formulado antes do aprofundamento dos estudos a serem realizados pela pesquisa. Não há uma regra fixa ou norma para se proceder à formulação das hipóteses, entretanto elas devem basear-se no conhecimento do assunto e na literatura específica levantada na pesquisa bibliográfica.

Como a hipótese é uma suposição que precisa ser confirmada (ou rejeitada), pode ser formulada tanto na forma interrogativa como na afirmativa. Nem todos os tipos de pesquisa solicitam a formulação formal de hipóteses. De qualquer modo, elas devem ser idealizadas antes de iniciar o trabalho científico como forma de auxiliar o pesquisador na verificação das relações entre as teorias que está propondo e os fatos que pretende observar.

3.9.6. Revisão Bibliográfica

Nesta etapa devem-se fazer apreciações, considerações e escolhas sobre o conteúdo obtido, tendo em vista o problema proposto na pesquisa. Revisão é, antes de tudo, discussão do material levantado. Deve-se tomar cuidado para não perder de vista os objetivos, procurando selecionar apenas o que realmente interessa para o trabalho de pesquisa.

Uma pesquisa bibliográfica bem feita é o primeiro passo para o sucesso no trabalho que se quer realizar. O mais importante, a pesquisa bibliográfica é a primeira etapa para a realização de toda e qualquer atividade acadêmica.

Uma sugestão para ampliar as fontes de pesquisa bibliográfica é consultar a bibliografia de cada obra encontrada e assim ampliar o número de indicações. A Internet é uma fonte de pesquisa muito utilizada na atualidade, porém, devem ser tomadas algumas precauções quanto à autoria dos textos e sua permanência na rede, além da precisão do conteúdo pesquisado e a maneira correta de referenciar o material coletado.

3.9.7. Introdução e Justificativa

A introdução é uma explicação sucinta, porém completa, das razões teóricas e/ou práticas que tornam relevante a realização da pesquisa. Explicita a área de conhecimento em que se insere a pesquisa a ser realizada, bem como o assunto escolhido para estudo, em que contexto, com quais pessoas, que nível ou série etc.
Justifica e fundamenta as razões da escolha do assunto, indicando questionamentos sobre as práticas e teorias existentes nesse universo, bem como articulando-os às necessidades de realização da pesquisa. O autor posiciona-se criticamente frente aos princípios e produtos científicos já constituídos na área escolhida para pesquisar, indicando as rupturas, os aperfeiçoamentos ainda necessários e para os quais a pesquisa a realizar-se buscará contribuir.
A Justificativa é a etapa seguinte à revisão bibliográfica, na qual o pesquisador tem a oportunidade de se expressar livremente através de uma abordagem pessoal sobre os motivos que o levaram a pesquisar o tema proposto e, também, para informar a quem se destina os resultados obtidos.
A justificativa pode ser dividida em duas partes: na primeira, o pesquisador comenta sobre a motivação para a escolha do tema proposto. Para isto descreve sua experiência pessoal e profissional e o conhecimento adquirido em relação ao assunto estudado. Nesta etapa são respondidas as questões fundamentais do projeto de pesquisa:

- Por que realizar a pesquisa?
- Qual a importância do tema?
- Por que o assunto é relevante?
- Quais os pontos positivos da abordagem proposta?
- Que vantagens e benefícios a realização da pesquisa poderá proporcionar?

Na segunda parte da justificativa, devem ser citadas as populações, as instituições, as áreas que poderão ser beneficiadas ou outro tipo de contribuição que os resultados do trabalho possam proporcionar.

Para apresentar justificativas aceitáveis e coerentes o problema deve estar bem delimitado e formulado e a revisão bibliográfica bem feita. Um breve histórico da questão pode ser apresentado com a finalidade de demonstrar o estágio de desenvolvimento do assunto, utilizando, para tanto, do material levantado na pesquisa bibliográfica.

A finalidade principal da justificativa é esclarecer porque o tema foi escolhido, argumentar sobre sua relevância, enfatizar os pontos positivos da abordagem adotada e as contribuições que se espera obter com os resultados da pesquisa. A justificativa se baseia na revisão bibliográfica, entretanto, é diferente dela e por isto não apresenta citações de autores consagrados.

3.9.8. Fundamentação Teórica

É o suporte teórico para os estudos, análise e reflexões, sobre os dados e/ou informações coletadas. A fundamentação teórica não deve se constituir em um "resumo" de obras lidas, mas sim, em uma apresentação das ideias presentes nas obras estudadas, mostrando a relação que possuem com o tema pesquisado. Por meio dela, formulam-se os conceitos envolvidos. Ao ser redigida, devem ser observadas as normas técnicas para apresentação, citação e referências.

3.9.9. Metodologia

Os métodos e técnicas de pesquisa estão diretamente relacionados com o tipo de trabalho que se vai desenvolver. Entende-se por método os procedimentos mais amplos de raciocínio, o conjunto de processos que se emprega na investigação e demonstração da verdade, enquanto as técnicas representam o conjunto de normas utilizadas especificamente em cada área do saber, aplicadas por meio de instrumentos de pesquisa científicos. Os métodos descrevem o passo a passo nas etapas fundamentais da pesquisa, enquanto as técnicas referem-se principalmente à documentação ou coleta de dados. Em suma, método é o caminho a ser percorrido, as etapas que devem ser cumpridas para alcançar os objetivos propostos; técnicas dizem respeito aos instrumentos e as estratégias utilizadas para a aplicação do método.

Relato detalhado dos procedimentos que planeja realizar para resolver o problema proposto. Cada objetivo específico deverá estar contemplado na metodologia, constituindo uma descrição dos passos e técnicas que serão utilizados na execução da pesquisa. Para tal, o pesquisador deve estar certo da compatibilidade entre o objeto de estudo e o tipo de pesquisa e o enfoque teórico-metodológico e a serem utilizados:

• **Descrição do universo** - apresentar as características gerais dos sujeitos participantes (casuística): quantos, quem, sexo, idade etc.; do corpus: documentos, outros produtos como vídeos, materiais didáticos etc.; e do(s) local (is): escola ou outros locais de atuação, bairro, cidade etc. Explicitar os critérios para a escolha da mostra.
• **Material e instrumentos para a coleta de dados**: o processo de coleta de dados pode se dar por meio de instrumentos, questionários, formulários, protocolos de avaliação, entrevistas, depoimentos, observação, experimentos, entre outros.
• **Análise de dados**: o pesquisador deve apresentar uma breve descrição do modo de organização das informações encontradas (em seus aspectos significativos reunidos em categorias de análise e/ou nos aspectos quantitativos, estatísticos).

3.9.10. Cronograma

Como o projeto de pesquisa se desenvolve em várias etapas, é necessário fazer a previsão do tempo necessário para se passar de uma fase para outra. Ocorre também que algumas fases da pesquisa são desenvolvidas simultaneamente, fato que necessita ser indicado quando ocorre. Assim, os projetos de pesquisa devem possuir uma data de início e um prazo para sua conclusão e entrega de resultados. O pesquisador deve planejar cuidadosamente cada uma das etapas que irá realizar e determinar os prazos para a conclusão de cada uma delas. O cronograma representa a previsão desse tempo que será despendido para a realização de cada etapa da pesquisa. É o planejamento das atividades que serão desenvolvidas em cada etapa da pesquisa.
O cronograma deverá ser estruturado em meses ou em semanas, contemplando a apresentação e a defesa do trabalho (alguns itens podem ser desenvolvidos em datas sobrepostas). A elaboração e o cumprimento do cronograma são essenciais para que o trabalho se desenvolva no tempo estipulado.

Um trabalho de pesquisa bibliográfica, cujo prazo seja o ano letivo da IES, por exemplo, deve contemplar as seguintes atividades conforme mostra o Quadro 1:

Etapas de levantamento	Mar	Abr	Mai	Jun	Jul	Ago	Set	Out	Nov
Escolha do tema	x								
Escolha do Orientador	x								
Revisão da literatura	x	x	x	x	x				
Validação da metodologia	x								
Apresentação da proposta		x							
Coleta e análise de dados		x	x	x	x				
Conclusão da redação					x	x	x		
Apresentação para a banca examinadora								x	
Correção e entrega do trabalho final									x

O projeto de pesquisa pode ser alterado em decorrência de novas descobertas realizadas pelo pesquisador, de aprofundamento de ideias e de dados novos a serem incluídos na pesquisa. Assim, o cronograma deve ser flexível, funcionando como um roteiro de atividades, podendo ter seus itens ampliados, reduzidos ou estruturados em ordem diferente, de acordo com a natureza da pesquisa a ser desenvolvida.

Geralmente, o cronograma é representado em formato gráfico ou na forma de tabela: no sentido vertical, as semanas ou meses e no horizontal, as fases ou etapas da pesquisa.

3.9.11. Orçamento

Para se ter uma ideia dos gastos com o trabalho de pesquisa é interessante que seja elaborado um orçamento. O orçamento deve prever os gastos referentes a cada fase do trabalho, considerando os recursos necessários para a pesquisa (disponibilidade pessoal, materiais, entre outros). Os custos de pessoal podem ser calculados em horas ou dias e os demais custos segundo suas características.

O orçamento deve ser elaborado com a maior precisão possível e, claro, deve ser prevista verba para despesas imprevistas, a qual será maior ou menor de acordo com a segurança que o pesquisador tem sobre o processo de pesquisa adotado.

3.9.12. Bibliografia Básica

Bibliografia é a parte de uma obra na qual se listam as referências bibliográficas de obras recomendadas para leitura complementar e referência bibliográfica é a parte de uma obra na qual se listam as obras utilizadas pelo autor para elaboração do texto. Segundo a ABNT, referência bibliográfica é o "Conjunto padronizado de elementos descritivos, retirados de um documento, que permite sua identificação individual".

Na bibliografia relacionam-se as fontes bibliográficas, documentais ou eletrônicas, em ordem alfabética. A bibliografia do projeto de pesquisa normalmente é mais restrita que a do trabalho propriamente dito, por se tratar de uma bibliografia básica que irá determinar as bases científicas da pesquisa.

A bibliografia final do trabalho deve ser pertinente e fidedigna e deve ser observado rigor na documentação alheia e nas referências às fontes de consulta, bem como a autenticidade dos dados próprios. Ela inclui livros, artigos, publicação e documentos, material coletado em fontes bibliográficas, documentais e eletrônicas e devem obedecer à norma NBR 6023 em vigor.

3.10. Planejamento da Pesquisa

O planejamento é a primeira das três etapas da pesquisa, sendo estruturado em cinco itens: Ideia, Plano de Intenção, Revisão da Literatura, Testes de Instrumentos e Procedimentos e Projeto de Pesquisa.

3.10.1. Ideia da Pesquisa

O início da pesquisa surge com a ideia. É quando se procura saber o porquê das coisas. Essa ideia é um processo formado por três itens: dúvida, pergunta e hipótese. A dúvida surge através da observação curiosa do mundo, onde um fato desconhecido provoca um questionamento a seu respeito. Inicia então o desenvolvimento da ideia, onde a reflexão feita a partir da dúvida gera uma pergunta e elabora hipóteses para explicá-la. A formulação das hipóteses tem com elementos fundamentais a curiosidade, iniciativa, disposição e raciocínio lógico.

Busca-se então na literatura já existente a resposta para a pergunta e a verificação da veracidade das hipóteses elaboradas. Neste ponto, pode haver dois caminhos: caso uma resposta satisfatória já exista, a curiosidade estará satisfeita ou caso não haja resposta satisfatória para a questão, ela poderá ser o início para o desenvolvimento de uma pesquisa. É necessário enfatizar a necessidade de uma resposta satisfatória. A resposta pode existir mas não satisfazer ao pesquisador, que então, realizará uma pesquisa que poderá refutar ou confirmar aquela resposta. A pergunta formulada a partir da dúvida deve ser clara, única e precisa, de maneira que ao ler, o autor seja capaz de saber exatamente onde quer chegar.

Existem duas formas comuns de atingir a ideia. Na primeira, o pesquisador que deseja desenvolver uma pesquisa simplesmente procura alguém que já tenha uma ideia pronta e esteja disposto a cedê-la para que seja desenvolvida. Geralmente esta é a pessoa que vai orientar o trabalho. Isto é comum em centros de pesquisa e universidades, onde estudantes procuram os professores para desenvolver pesquisas, seja buscando o aprendizado do assunto e do método científico, seja buscando enriquecer seu currículo com algum trabalho científico. Na segunda, lendo artigos originais, os autores no final de discussão, orientam um caminho a ser seguido naquele tema e este poderá ser a ideia.

3.10.1.1. Formulação da Pergunta

A formulação da pergunta é uma etapa fundamental da pesquisa que depende de clareza, unicidade e precisão, pois define e delimita o problema a ser estudado, fornecendo ao pesquisador o elemento principal para estabelecer o objetivo da pesquisa.

A *clareza* significa que a pergunta deve fornecer ao leitor um panorama geral do problema a ser estudado. A *unicidade* diz respeito ao dimensionamento único que deve ter a pesquisa a fim de facilitar o trabalho do pesquisador. A pesquisa deve procurar responder apenas a uma questão de cada vez, ou seja, deve ser direcionada para resolver um e apenas um problema. É claro que outras dúvidas surgirão com o desenrolar do trabalho. Estas deverão servir como suporte a novas pesquisas no futuro. A *precisão* refere-se ao direcionamento necessário à pesquisa que a pergunta vai fornecer. Ao ser precisa ela define qual o caminho a ser seguido para a execução da pesquisa.

3.10.1.2. Formulação da Hipótese

A hipótese é o que se espera encontrar no final da pesquisa e deve ser expressa na forma de uma frase indicativa. É a resposta a pergunta de pesquisa.
A hipótese é elaborada como uma tentativa inicial de explicar aquele evento que ocorreu e despertou a curiosidade. Ela forma o corpo central do trabalho e é aquilo que o autor vai tentar demonstrar como verdadeiro. Posteriormente será submetida à prova de ser ou não válida através do método empregado e possivelmente por métodos estatísticos que definirão a possibilidade do achado estar correto.
Além da hipótese propriamente dita é preciso também que seja apresentada a razão para se ter à hipótese apresentada. O uso de referências neste momento é indispensável.

3.10.1.3. Plano de Intenção

O plano de intenção é uma anotação que deve ser feita tão logo ocorra a ideia. Serve inicialmente para que a ideia não se perca e será paulatinamente modificado até se transformar no resumo do projeto de pesquisa a ser escrito. Em outras palavras, terá forma inicial de um rascunho e forma final de um resumo estruturado.
Após o surgimento da ideia não se pode correr o risco desta cair no esquecimento, imediatamente devemos escrever um "plano de trabalho" de pesquisa. Nele devem constar: título, autores, serviço, endereço, resumo e descritores, mesmo que estes itens sejam provisórios e fictícios.
Colocando estas informações no papel, está criada então a versão preliminar do plano de intenção, que é um resumo do trabalho, destinado a armaze-

nar os elementos iniciais da pesquisa para que estes não se percam. Deve também servir como orientação ao pesquisador para que este já de início pense nas questões pertinentes neste momento. O que quero pesquisar? Com quem vou pesquisar? Onde vou pesquisar? Qual o tipo de desenho da minha pesquisa? Qual a amostra que vou utilizar? Quais os procedimentos que vou utilizar? E assim por diante, de acordo com a área da pesquisa a ser escolhida.

Ao escrever o plano de intenção, deve-se sempre lembrar que ele é dinâmico, no sentido de ser rescrito várias vezes, até atingir a precisão de conteúdo necessária. Assim os seus elementos constituintes devem ser colocados tendo em mente que aquela é a pretensão do autor e que ela poderá modificar ao longo do tempo. Este plano de intenção será paulatinamente modificado e aperfeiçoado até que se torne o resumo no projeto de pesquisa.

Entretanto não é aconselhável fazer este aperfeiçoamento sozinho. Quando o conteúdo atingir uma precisão adequada, com um nível de detalhamento satisfatório, ou seja, a ideia da pesquisa já deve estar objetiva, deve-se imprimir seu conteúdo em folha única (para evitar problemas com extravio de outras folhas) com layout e ortografia adequados. Após isto, a ideia é apresentada ao orientador da pesquisa para que este avalie, critique e der sugestões.

3.10.1.4. Título

O título deve ser inicialmente o que for mais ilustrativo e esclarecedor para a situação. Será modificado de acordo com revisão da literatura, até representar o conteúdo do trabalho.

3.10.1.5. Autoria

Os autores serão, inicialmente, quem que teve a ideia e escreveu o plano de intenção e o orientador. Este último deve ser uma pessoa com conhecimento e experiência na área e metodologia a serem empregados para realizar a pesquisa. A colocação do nome do orientador deve ser efetuada, apenas após sua concordância em orientar o estudo.

A lista de autores deve incluir apenas aqueles que contribuíram realmente para a concepção geral e para a execução dos procedimentos. O autor principal de um trabalho é aquele a quem cabe assumir a responsabilidade intelectual dos resultados de uma investigação. A ordem de aparecimento dos autores deve ser dada pela importância que cada um teve para a execução do trabalho como um todo. Esta nem sempre é uma questão fácil de se resolver e frequentemente é geradora de conflitos.

3.10.1.6. Instituição

Deve ser citado o serviço e/ou departamento com a instituição com os quais os autores têm relação. Devem ser colocados: o endereço postal, o endereço eletrônico, os números do telefone e do fax. A finalidade desse endereço é que ele terá os dados necessários para entrar em contato com o autor, evitando assim um possível contratempo por falta de resposta pela falta de endereço e/ou contato.

3.10.1.7. Resumo Preliminar

Definido o tema, objetivos, problemática e hipóteses, recomenda-se fazer um resumo preliminar que servirá para delimitação das partes do trabalho de pesquisa e que será modificado ao longo de sua realização.
O resumo é uma técnica de condensação das ideias principais de um texto mantendo a mensagem original e podendo modificar parte da redação do novo texto, ou seja, é um texto rescrito, derivado de um texto fonte. O resumo deve ser entendido inicialmente aquilo que se pretende fazer e como. Este texto será melhorado e corrigido com a realização da revisão bibliográfica e concluído com a aprovação final do orientador.
O resumo preliminar deve ser estruturado, mantendo a extensão máxima de 450 palavras para sua elaboração final.

3.10.1.8. Palavras-chave

As palavras-chave ou descritores são palavras ou expressões que refletem a ideia ou contexto de determinada situação. Nas versões iniciais, caso não se saiba quais são os descritores, provisoriamente são usadas as palavras do título e do texto que melhor representem o tema estudado.

3.10.2. Revisão da Literatura

Uma das etapas mais importantes de um projeto de pesquisa é a revisão da literatura. A revisão de literatura não é fazer colagem de citações bibliográficas .Ela se refere à fundamentação teórica adotada para tratar o tema e o problema da pesquisa e tem por finalidade definir se a ideia inicial é viável do ponto de vista teórico, conhecendo como o tema encontra-se atualmente explorado através das pesquisas realizadas.

A revisão da literatura é um mapeamento teórico do estado atual de conhecimento sobre o tema. Por meio da análise da literatura publicada pode-se traçar um quadro teórico e fazer a estruturação conceitual que dará sustentação ao desenvolvimento da pesquisa. Assim, a revisão de literatura resultará no processo de levantamento e análise do que já foi publicado sobre o tema e o problema de pesquisa escolhidos. Também permitirá um mapeamento de quem já escreveu e o que já foi escrito sobre o tema e/ou problema da pesquisa.

A revisão de literatura em um trabalho de pesquisa pode ser realizada com os seguintes objetivos:

- **Determinação do "estado da arte"**: o pesquisador procura mostrar através da literatura já publicada o que já sabe sobre o tema, quais as lacunas existentes e onde se encontram os principais entraves teóricos ou metodológicos;
- **Revisão teórica**: o pesquisador insere o problema de pesquisa dentro de um quadro de referência teórico para explicá-lo. Geralmente acontece quando o problema em estudo é gerado por uma teoria, ou quando não é gerado ou explicado por uma teoria particular, mas por várias;
- **Revisão empírica**: o pesquisador procura explicar como o problema vem sendo abordado do ponto de vista metodológico procurando responder: quais os procedimentos normalmente empregados no estudo desse problema? Que fatores vêm afetando os resultados? Que propostas têm sido feitas para explicá-los ou controlá-los? Que procedimentos vêm sendo empregados para analisar os resultados? Há relatos de manutenção e generalização dos resultados obtidos? Do que elas dependem?;

- **Revisão histórica:** o pesquisador busca recuperar a evolução de um conceito, tema, abordagem ou outros aspectos fazendo a inserção dessa evolução dentro de um quadro teórico de referência que explique os fatores determinantes e as implicações das mudanças.

Importante lembrar que para elaborar uma revisão de literatura é recomendável adotar uma metodologia de pesquisa bibliográfica.

3.10.3. Pesquisa Bibliográfica

Depois que o tema da pesquisa é escolhido e o problema delimitado, o passo seguinte é a identificação das fontes capazes de fornecer as respostas adequadas para a solução do problema proposto. A pesquisa bibliográfica é aquela baseada na análise da literatura corrente, na forma de livros, revistas, teses e dissertações, periódicos científicos, publicações avulsas, imprensa e em meio eletrônico ou ainda de informação disponibilizada na Internet.

Para identificar as melhores fontes bibliográficas para o desenvolvimento do trabalho de pesquisa é importante a consulta ao orientador e também aos especialistas no tema escolhido. A revisão de literatura / pesquisa bibliográfica contribuirá para:

- Obter informações sobre a situação atual do tema ou problema pesquisado;
- Conhecer publicações existentes sobre o tema e os aspectos que já foram abordados;
- Verificar as opiniões similares e diferentes a respeito do tema ou de aspectos relacionados ao tema ou ao problema de pesquisa.

Para tornar o processo de revisão de literatura produtivo é importante seguir alguns passos básicos para sistematizar o trabalho e canalizar esforços. Os passos sugeridos são os seguintes:

3.10.4. Escolha do Tema

O tema é o aspecto do assunto que se deseja abordar, provar ou desenvolver. A escolha do tema da revisão de literatura está vinculada ao objetivo da própria revisão que se pretende fazer. A revisão de literatura deverá elucidar o tema, proporcionar uma melhor definição do problema de pesquisa e contribuir na análise e discussão dos resultados da pesquisa.

Em função do grande número de informações, o pesquisador deverá definir a direção e concentração de esforços na revisão de literatura, porque só assim não ficará perdido com a descoberta de um emaranhado das publicações existentes. Pesquisadores experientes sabem que o risco de perder tempo e o rumo podem ser fatais neste processo. Além de atravancar todo o desenvolvimento das etapas da pesquisa, pode até impedir sua realização.

3.10.5. Elaboração do Plano de Trabalho

Para evitar dispersão e perda de tempo no processo de leitura de textos, é importante levantar os aspectos que serão abordados sobre o tema. Para isso o pesquisador deve elaborar um esquema provisório de revisão de literatura, onde listará de forma lógica as abordagens que pretende fazer referentes ao tema ou problema da pesquisa. O esquema servirá de guia no processo de leitura e na coleta de informações nos textos.

3.10.5.1. Identificação do Conteúdo

Após a definição do que será abordado na revisão de literatura e a elaboração de um esquema com os aspectos a serem abordados, que servirá de guia para organização do processo de leitura, o pesquisador deve identificar o conteúdo que tem haver diretamente com seu trabalho. A identificação implica em fazer um levantamento bibliográfico para recuperar as informações sobre o que já foi publicado sobre o tema e os aspectos que constam no esquema / sumário dos tópicos.

Esse processo requer o uso de obras de referência para minimizar esforços e recuperar a maior quantidade de informação possível. Obras de referência, usadas para levantamento bibliográfico, são organizadas especialmente para facilitar a consulta de itens específicos de informação. Possuem, geralmente, índices de autores e assuntos / palavras-chave que remetem às informações arranjadas em itens numerados para facilitar a recuperação.

Bibliografias e Abstracts são publicações disponíveis em papel para consulta. Bases de dados são disponíveis em meio digital ou meio eletrônico, via Internet. Outra forma de fazer levantamento bibliográfico é usando as ferramentas de busca da Internet, as bibliotecas virtuais e os catálogos on-line de bibliotecas disponibilizados na rede. Também não devem ser desprezadas as indicações bibliográficas feitas em artigos ou livros disponíveis sobre o tema da pesquisa.

3.10.5.2. Localização e Compilação

Realizado o levantamento bibliográfico, é necessário obter os materiais considerados úteis à realização da pesquisa.
Para fazer a compilação, reunião sistemática dos materiais selecionados e localizados, os seguintes recursos: fotocópias, impressões e a própria aquisição, quando for indispensável.

3.10.5.3. Fichamento

Os materiais selecionados para leitura devem ser analisados e fichados. O fichamento permite reunir as informações necessárias e úteis à elaboração do texto da revisão.
Podem ser elaborados diversos tipos de fichas:

- **Bibliográfica**: com dados gerais sobre a obra;
- **Citações**: com a reprodução literal entre aspas e a indicação da página da parte dos textos lidos de interesse específico para a redação dos tópicos e itens da revisão;
- **Resumo**: com um resumo indicativo do conteúdo do texto;
- **Esboço**: apresentando as principais ideias do autor lido de forma esquematizada com a indicação da página do documento lido;
- **Comentário ou analítica**: com a interpretação e a crítica pessoal do pesquisador com referência às ideias expressas pelo autor do texto lido.

De posse dos fichamentos o pesquisador fará a classificação, a análise, a interpretação e a crítica das informações coletadas.

3.10.6. Testes de Procedimentos

Concluída a revisão da literatura, já é possível saber se a ideia é exequível do ponto de vista teórico e prático. Testar os procedimentos significa saber se as rotinas e técnicas que serão utilizadas são possíveis de execução com os recursos disponíveis ou se serão necessários novos recursos, bem como saber da disponibilidade, conhecimento e manipulação da utilização dos meios necessários.

3.11. Planejamento da Pesquisa

Uma vez que a revisão da literatura e do teste de procedimentos viabilizaram a pesquisa, necessita-se agora de um documento onde esteja a ideia, a situação atual do conhecimento no assunto e o método de como chegar à resposta da pergunta inicial. Este documento visa o planejamento da pesquisa e deve ser claro, preciso e objetivo, elaborado na forma de redação científica.

Entender o planejamento da pesquisa como um processo estruturado que se inicia com a ideia e encerra-se com a elaboração do projeto de pesquisa é importante para a etapa de execução do trabalho de pesquisa que virá em seguida. A estruturação de cada uma das etapas e a sistematização são provavelmente os maiores avanços nesta área. Quando maior o tempo gasto no planejamento, menor serão os problemas que surgirão. Por isso, o tempo gasto no planejamento será fundamental para produzir uma pesquisa de boa qualidade.

3.11.1. Orçamento

Quanto irá custar à pesquisa? Devem-se estimar os gastos com pessoas, treinamentos, viagens, tudo que for usado na pesquisa. É necessário que o orçamento da pesquisa indique os recursos, as fontes e a destinação, bem como a forma e o valor da remuneração do pesquisador, se houver.

O orçamento distribui os gastos por vários itens, que devem necessariamente devem necessariamente ser separados. Inclui:

- **Pessoal** – registro das despesas com todo o pessoal envolvido na pesquisa, seus ganhos, quer globais, mensais, semanais ou por hora/atividade, incluindo os programadores de computador;
- **Material**, subdivididos em:
  - Elementos consumidos no processo de realização da pesquisa, como papel, canetas, lápis, cartões ou plaquetas de identificação

dos pesquisadores de campo, hora/computador, datilografia, cópias, encadernação etc.;
- Elementos permanentes, cuja posse pode retornar à entidade financiadora, ou serem alugados, computadores, calculadoras etc.

3.11.2. Referências

Para facilitar o trabalho do autor, leitor e pesquisador ao longo do tempo, foram definidas linguagens comuns que padronizavam as formas de citar e referenciar outras fontes de informação. Essa linguagem comum nada mais é do que uma forma de facilitar a identificação das fontes de informação. Com a evolução dessas linguagens, foram criados padrões, definidos em Normas Técnicas.

A inserção de citações e referências em um texto acadêmico é fundamental pois respeita princípios éticos, a propriedade intelectual e não infringe princípios legais relativos ao plágio e à cópia. Portanto, devem ser citadas as referências utilizadas nas diversas partes do projeto de pesquisa, observando as formas de citação, que devem seguir as normas em vigor.

Citar as fontes das informações utilizadas é importante por que:

- Facilita o trabalho do leitor ao acessar as informações que lhe interessam;
- Contribui para o desenvolvimento das ideias e o aprofundamento da produção acadêmica;
- Facilita o trabalho do autor uma vez que possibilita acessar com facilidade as suas fontes em outro momento;

3.11.3. Redação Científica

Na redação do texto do projeto de pesquisa, o pesquisador deve observar os seguintes critérios: objetividade, clareza, precisão, consistência, linguagem impessoal e uso do vocabulário técnico. O texto da redação deve ter começo, meio e fim, de preferência com parágrafos curtos e evitando frases longas.

Deve-se iniciar a redação com um texto introdutório explicando o objetivo da revisão da literatura. A introdução, assim como a conclusão é a parte mais importante do trabalho no plano retórico. O leitor deve perceber na introdução a problemática da pesquisa e as questões de pesquisa decorrentes, a linguagem utilizada (conceitos, definições), a estratégia (metodologia e sua estruturação). Não esquecer as definições mais importantes, notadamente as que se encontram expressas no título do trabalho e na introdução do objeto do trabalho. É conveniente que se faça uma abertura e um fechamento para os tópicos tratados, preenchendo as lacunas com considerações próprias e criando elos entre as citações.

3.11.4. Citações

A citação é a utilização de informação de outra fonte que tenha relação direta com o tema do trabalho. Existem duas formas de citação: citação direta e citação indireta. Segundo a Associação Brasileira de Normas Técnicas é a "Menção, no texto, de uma informação extraída de outra fonte". Os tipos de citações que podem ser utilizadas no texto, segundo a NBR 10520, são:

- **Citação direta** - transcrição textual de parte de uma obra, com todas as suas características de grafia, pontuação, idioma, etc.
- **Citação indireta** - se dá sob a forma de condensação ou síntese das ideias de um autor. Ao redigir o texto utilizam-se ideias ou o texto sintetizado do autor consultado.
- **Citação de citação:** transcrição direta ou indireta de um texto em que não se teve acesso ao original. Esse tipo de citação só deve ser utilizado na total impossibilidade de acesso ao documento original (documento muito antigo, dados insuficientes para localização etc.).

A fonte de onde foi extraída a informação deve ser obrigatoriamente indicada no texto, respeitando-se os direitos autorais e a respectiva descrição da obra utilizada deve figurar em Referências, no final do trabalho. A indicação da fonte deve apresentar:

- Autoria da informação citada: se autor pessoal, deve figurar o sobrenome; se autor-entidade, deve figurar o nome da instituição responsável; se de autoria desconhecida, deve figurar o título da publicação;
- Ano de publicação;
- Número da página, quando citação direta.

3.11.4.1. Uso da Internet

A Internet é uma fonte inesgotável de recursos. O pesquisador deve utilizá-la para buscar informações, mas deve ser igualmente seletivo no uso dessas informações. Alguns critérios de seleção devem ser adotados como, por exemplo, verificar as credenciais do autor, como está escrito o documento (linguagem, correção ortográfica e gramatical) e a atualidade do site.
Outro cuidado que o pesquisador deve tomar é com os direitos autorais. Referenciar os documentos usados e indicar como fontes de consulta é uma atitude ética e de bom tom. A ABNT através da NBR 6023, publicou recomendações para referenciar documentos digitais.

3.12. Execução da Pesquisa

A execução da pesquisa é a segunda das três etapas da pesquisa (planejamento - execução - divulgação). É o processo utilizado durante a realização da pesquisa para obter os dados previstos no planejamento e que foram documentados no projeto de pesquisa.
A principal razão para fazer a execução da pesquisa é obter os dados previstos. Nada mais, nada menos do que executar aquilo que foi planejado e encontra-se documentado no projeto de pesquisa. O rigor científico é decisivo para o êxito desta etapa.
A execução da pesquisa compreende o projeto de pesquisa e o cronograma, além de outras etapas que devem ser seguidas:

1. **Projeto de Pesquisa** - Plano de trabalho para verificar se a hipótese pode ser negada ou não;
2. **Cronograma** – Estabelece claramente o período de tempo para a realização da pesquisa;
3. **Pesquisa-piloto** - Teste dos instrumentos e procedimentos;
4. **Coleta de dados** - Obtenção dos dados previstos;
5. **Armazenamento de dados** - Controle de qualidade dos dados e arquivamento em planilhas eletrônicas (ocorre paralela ao item 3);
6. **Tabulação dos dados** - Seleção, tabulação e construção de gráficos;
7. **Análise dos dados** - Análise estatística dos dados e apresentação dos resultados;
8. **Interpretação dos dados** - Tentativa de evidenciar as relações ex-

postas entre o fenômeno estudado e os fatores, além de procurar dar um significado mais amplo às respostas, vinculando-as a outros conhecimentos;
9. **Relatório final** - Exposição geral da pesquisa;
10. **Divulgação da Pesquisa** - Elaboração do artigo original e do tema livre.

3.12.1. Pesquisa-piloto

A pesquisa-piloto é a execução da pesquisa com uma amostra reduzida para validar os instrumentos e procedimentos que serão utilizados. É o inicio da execução da pesquisa que precisa ser realizada antes da execução dos demais passos.

O impulso inicial do pesquisador, depois de o projeto de pesquisa ser aprovado, é começar a coletar os dados. Neste momento, como em toda a pesquisa, é importante ter cuidado na sua execução. Apesar de todo o planejamento, ainda não houve a possibilidade de fazer tudo como foi planejado, ou seja, cumprir todas as orientações contidas no projeto de pesquisa.

A importância de realizar a pesquisa-piloto se deve ao fato da necessidade de saber se tudo que foi planejado vai sair realmente como planejado. A forma de definir isso é fazendo a pesquisa-piloto. Uma vez completada sem desvios, isso demonstra que o planejamento foi correto e então se inicia a pesquisa propriamente dita. Em resumo, fazer uma pesquisa-piloto e dar tudo certo significa que o projeto passou pelo crivo da exequibilidade. Quando algum item que foi planejado der errado, é necessária sua correção.

3.12.2. Coleta de Dados

A coleta de dados é um processo que se inicia no levantamento bibliográfico para a pesquisa. Essa coleta deve seguir critérios de inclusão (e exclusão) visando facilitar o fichamento das informações:

• **Critérios de inclusão** - Devem ser descritos quais são os aspectos que serão estudados e a forma de tabulação;
• **Critérios de exclusão** - Quais são os aspectos que preenchem os critérios de inclusão que por motivos diversos não devem fazer parte da pesquisa? As respostas a esta pergunta são os critérios de exclusão.

Convém salientar que os critérios de exclusão devem ser entendidos como subconjuntos dos critérios de inclusão.
Neste item o instrumento fundamental é a utilização de algum tipo de ficha de coleta de dados que pode ser uma folha de papel com uma dúzia de campos a serem preenchidos, até uma planilha eletrônica.
Na utilização dessas fichas de coleta de dados existem alguns pontos críticos que devem ser previstos no planejamento da pesquisa:

• A identificação única das fichas de coleta de dados é essencial para evitar duplicação de informações;
• O preenchimento correto e inequívoco é essencial: quanto menor a quantidade de campos para escrever, via de regra é melhor. Quanto melhor for a ficha de coleta de dados, menores serão as dificuldades na próxima etapa, melhorando a eficiência no armazenamento dos dados.

3.12.3. Armazenamento dos Dados

O armazenamento dos dados é o processo de reunir os dados coletados de forma a facilitar o próximo passo, a tabulação.
O uso de computadores pessoais tornou o armazenamento manual desnecessário e as facilidades do uso dos recursos computacionais, tornam o meio eletrônico a melhor escolha no armazenamento dos dados da pesquisa. O uso de planilhas eletrônicas torna o trabalho mais eficiente, além de facilitar a tabulação dos dados.
No processo de armazenamento dos dados, dois pontos são críticos:

• A fidelidade da informação: a digitação redundante e conferência das informações discordantes podem controlar este problema;
• A perda dos dados: a realização de cópias de segurança ao final de cada sessão de trabalho pode controlar este problema.

3.12.4. Tabulação dos Dados

A tabulação dos dados deve ser entendida como o processo de apuração e de apresentação dos dados. A apresentação é realizada de duas formas:

- Apresentação tabular;
- Apresentação gráfica.

O uso de planilhas eletrônicas torna o trabalho mais eficiente, principalmente, se o item anterior, o armazenamento dos dados, utilizou o mesmo aplicativo.

3.12.5. Análise dos Dados

A análise dos dados é o cálculo de medidas de posição, de dispersão, de assimetria, e de achatamento para a apresentação dos dados e a aplicação de testes estatísticos planejados. É a execução do que foi planejado no item "análise estatística" no projeto de pesquisa.
Qualquer outra análise que seja realizada e não foi planejada deve ser descrita no relatório final como análises não planejadas. No entanto, não existe justificativa para acrescentar novas análises aos dados. A única explicação seria a falta de um planejamento adequado, pois deixou de revisar a literatura (pesquisas na mesma área) e verificar quais os métodos a serem utilizados.

3.12.6. Interpretação dos Dados

Este é o item mais complexo na execução da pesquisa, pois requer do pesquisador uma postura crítica de como foi conduzida a pesquisa (falhas e limitações) para que não superestime os resultados e o domínio do tema no qual foi realizada a pesquisa para saber os pontos fracos e fortes dos seus resultados.
Tudo isso. aliado ao resultado na análise estatística das variáveis é que vai determinar a interpretação (conclusão) dos resultados.

3.12.7. Relatório Final

O relatório final de pesquisa é um documento que apresenta a ideia (pergunta da pesquisa e hipótese), a situação atual do conhecimento no assunto, o método de como chegar à resposta da pergunta inicial, os resultados, a discussão (interpretação dos resultados) e a conclusão (resposta à pergunta de pesquisa).

São três as razões para elaborar o relatório final: a primeira, de documentar a pesquisa realizada; a segunda, permitir que outro pesquisador possa avaliar a qualidade da pesquisa (validade, importância e aplicabilidade); a terceira, encaminhar o relatório de pesquisa para comunicar o andamento da mesma.

Entender a execução da pesquisa como um processo estruturado que se inicia com a pesquisa-piloto e é encerrado com a elaboração do relatório final de pesquisa é importante para a etapa de divulgação da pesquisa que virá em seguida. A estruturação de cada um das etapas e a sistematização serão fundamentais para produzir uma pesquisa de boa qualidade.

3.12.8. Divulgação da Pesquisa

Os resultados de uma pesquisa científica precisam ser divulgados por meio de publicações em periódicos especializados, livros ou pela Internet, e discutidos e julgados por pesquisadores da área. Mede-se o produto da pesquisa científica pela sua real contribuição para o avanço do conhecimento humano, quando passível de reprodução.

A divulgação da pesquisa é a terceira e última etapa da pesquisa (planejamento - execução - divulgação). Neste momento é que deve ser produzido o artigo científico original, que é o meio de divulgação mais adequado para que a comunidade científica tome conhecimento dos resultados obtidos.

O artigo original deve ser publicado em uma revista científica e indexado nas bases de dados bibliográficas, o que torna possível que outros pesquisadores, ao fazer o acesso à informação, identifiquem a pesquisa e possam avaliar sua qualidade.

Nenhuma pesquisa deve iniciar a etapa de divulgação sem ter sido finalizada a etapa de execução. A finalização da execução é caracterizada pela elaboração do relatório final.

A divulgação da pesquisa compreende dois itens: tema livre e artigo original.

3.12.8.1. Tema Livre

O tema livre é uma versão resumida do artigo científico. A sua apresentação oral ou em pôster é uma definição da entidade científica responsável pelo evento. Para a apresentação de um tema livre é necessário o envio do resumo do artigo científico.
Para a apresentação de um tema livre deve existir uma contribuição científica para justificar a sua apresentação (relevância da pesquisa). Os trabalhos para a apresentação.de temas livres (orais e pôsteres) são encaminhados na forma de resumos para uma comissão de avaliação, responsável por avaliar o conteúdo e a consistência das informações. É sempre bom verificar as regras de redação dos resumos pois existem variações dependendo do evento para o qual se destinam.

3.12.8.2. Artigo Original

O artigo original é uma versão condensada do trabalho de pesquisa. Trata-se de um trabalho técnico-científico, escrito por um ou mais autores, que segue as normas editoriais do periódico a que se destina. Deve ser claro, preciso e objetivo, na forma de redação e sua estrutura compreende:

- Elementos pré-textuais;
- Elementos textuais;
- Elementos pós-textuais.

Ao encaminhar o artigo original para publicação em um periódico, encaminha-se o manuscrito (arquivo eletrônico com a estrutura do artigo original). Caso tenha usado as orientações sobre a elaboração do projeto de pesquisa e do relatório final, a elaboração do artigo original será facilitada, pois será, efetivamente, uma versão condensada do relatório final.
A divulgação da pesquisa deve ser realizada, obrigatoriamente, com a publicação de um artigo original e, opcionalmente, pela apresentação de tema livre (oral ou pôster). O artigo original é uma versão condensada do relatório final, enquanto que o tema livre é uma versão condensada do artigo original.

3.13. Relatório de Pesquisa

O relatório de pesquisa nada mais é do que o relato escrito dos principais fatos descobertos em uma pesquisa de qualquer tipo, nível ou modalidade. Sua principal característica é a organização das informações em páginas pré-textuais, textuais e pós-textuais. Como o próprio nome sugere, as páginas pré-textuais são anteriores ao texto propriamente dito e as pós-textuais são as que aparecem após a produção do texto.

O relatório de pesquisa exigirá que, antes de formular o problema de pesquisa, seja realizado um levantamento dos autores que tratam do tema. Trata-se da "revisão da literatura", também denominada "revisão teórica". Só que no relatório a revisão da literatura é um item a mais na estrutura do trabalho, ou seja, é um item obrigatório. Além disso, o relatório de pesquisa é um trabalho completo, muito embora não careça de uma abordagem ampla sobre um tema.

3.13.1. Monitoração da Pesquisa

A monitoração da pesquisa compreende quatro itens:

1) **Proteção ou minimização de riscos:** os meios que serão utilizados para proteger os sujeitos da pesquisa contra quaisquer riscos previstos;
2) **Monitoração da coleta de dados:** os meios que serão utilizados para verificar a validade dos dados coletados durante o andamento da pesquisa, a forma de armazenamento (físicos e eletrônicos), como se dará o uso e qual a destinação dos dados coletados;
3) **Proteção à confidencialidade:** descrição das técnicas e métodos de como os dados serão armazenados e manipulados de forma que as fontes da pesquisa não sejam reveladas;
4) **Critérios para suspensão ou encerramento da pesquisa:** compreende a avaliação dos dados quando ainda não se completou o número planejado para o estudo. Devem ser especificados o número de vezes que serão realizadas e quais serão os critérios adotados para interromper o estudo.

3.13.2. Análise de Riscos e Benefícios

O risco da pesquisa compreende a possibilidade de danos à dimensão física, psíquica, moral, intelectual, social, cultural ou espiritual do ser humano, em qualquer fase de uma pesquisa e dela decorrente. O dano eventual poderá ser imediato ou tardio, comprometendo o indivíduo ou a coletividade.
Neste item deve ser indicado e justificado em qual das três categorias a pesquisa se enquadra:

• Oferece elevada possibilidade de gerar conhecimento para entender, prevenir ou aliviar um problema que afete o bem-estar dos sujeitos da pesquisa e de outros indivíduos;
• O risco se justifica pela importância do benefício esperado;
• O benefício é maior, ou no mínimo igual, às outras alternativas já estabelecidas.

3.13.3. Responsabilidades da Pesquisa

A realização da pesquisa envolve responsabilidades em diversos níveis, envolvendo várias pessoas, desde o pesquisador, a Instituição de pesquisa, o promotor e o patrocinador. O pesquisador é a pessoa responsável pela coordenação e realização da pesquisa. A Instituição de pesquisa é organização, pública ou privada, legitimamente constituída e habilitada na qual são realizadas investigações científicas. O promotor é o indivíduo ou a instituição, responsável pela promoção da pesquisa. O patrocinador é a pessoa física ou jurídica que dá apoio financeiro a pesquisa. Cada um destes quatro membros devem ter suas responsabilidades explicitadas com relação às fases da pesquisa e os danos delas decorrentes.
Por exemplo, o pesquisador responsável deve suspender a pesquisa imediatamente ao perceber algum risco ou dano ao sujeito participante da pesquisa não previsto no termo de consentimento. Do mesmo modo, o pesquisador, o patrocinador e a instituição assumem a responsabilidade de dar assistência integral às complicações e danos decorrentes dos riscos previstos.
Os sujeitos da pesquisa que vierem a sofrer qualquer tipo de dano previsto ou não previsto no termo de consentimento e resultante de sua participação, além do direito à assistência integral, têm direito à indenização por dano.

3.13.3.1. Divulgação dos Resultados de Pesquisa

Deve-se tornar explícito acordo preexistente quanto à propriedade das informações geradas, demonstrando a inexistência de qualquer cláusula restritiva quanto à divulgação pública dos resultados, a menos que se trate de caso de obtenção de patente. Neste caso, os resultados devem se tornar públicos, tão logo se encerre a etapa de registro. Declarar que os resultados da pesquisa serão tornados públicos, sejam eles favoráveis ou não.

3.13.3.2. Manual de Procedimentos

Quando a pesquisa envolve várias pessoas, faz-se necessário que regras sejam definidas a priori, para que os profissionais envolvidos sigam os mesmos procedimentos e tomem as mesmas decisões. Isso não é necessariamente o projeto, e sim um grupo de esquemas, fluxogramas, formulários e instruções de preenchimento.
Em resumo, tudo o que se fizer necessário para que o pesquisador possa definir se o tema é elegível para o estudo e como proceder no andamento da pesquisa. Este é um item opcional.

3.13.4. Currículo Vitae

Dever ser encaminhado uma cópia do currículo vitae dos pesquisadores. Recomenda-se adotar o modelo Lattes utilizado pelo CNPq e que está disponível na Internet no endereço: http://lattes.cnpq.br.

3.14. Estrutura do Projeto de Pesquisa

A norma NBR 15287 determina a estrutura básica de um projeto de pesquisa a saber:

3.14.1. Elementos Pré-textuais

- Capa e folha de rosto (elemento obrigatório)
- Nome(s) do(s) autor (es);
- Título e subtítulo (se houver);

- Tipo de projeto de pesquisa e nome da entidade a que deve ser submetido;
- Cidade da entidade onde deve ser apresentado;
- Ano da entrega.
- Listas (elemento opcional)
- Lista de ilustrações;
- Lista de tabelas;
- Lista de abreviaturas e siglas;
- Lista de símbolos.

3.14.2. Sumário

Elemento obrigatório, elaborado de acordo com a NBR 6027. Segundo a NBR 14724 é a "Enumeração das principais divisões, seções e outras partes do trabalho, na mesma ordem e grafia em que a matéria nele se sucede". Deverá conter a palavra "Sumário" centralizada com o mesmo tipo de fonte das seções primárias do documento.

Os elementos pré-textuais não devem constar no sumário. Os indicativos de seções devem ser alinhados à esquerda e os títulos e subtítulos sucedem os indicativos das seções, alinhados pela margem do título do indicativo mais extenso.

3.14.3. Elementos Textuais

- Introdução, na qual se expõe o tema do projeto;
- Problema a ser abordado;
- Hipótese(s);
- Objetivos;
- Justificativa(s);
- Embasamento teórico;
- Metodologia utilizada;
- Recursos e cronograma.

3.14.4. Elementos Pós-textuais

• Referências Bibliográficas, de acordo com a norma ABNT NBR 6023;
• Glossário (elemento opcional), definido pela ABNT NBR 14724 como "Relação de palavras ou expressões técnicas de uso restrito ou de sentido obscuro, utilizadas no texto, acompanhadas das respectivas definições". É elaborado em ordem alfabética;
• Apêndice(s) (elemento opcional), definido pela ABNT NBR 14724 como "Texto ou documento elaborado pelo autor, a fim de complementar sua argumentação, sem prejuízo da unidade nuclear do trabalho. Identificado(s) por letras do alfabeto em maiúsculas e consecutivas, travessão e título. Quando esgotadas as letras do alfabeto, usam-se letras maiúsculas dobradas. Por exemplo:
• Apêndice A – Modelo de Formulário
• Apêndice AA – Modelo de Questionário
• Anexo(s) (elemento opcional), definido pela ABNT NBR 14724 como "Texto ou documento não elaborado pelo autor, que serve de fundamentação, comprovação e ilustração". É elaborado da mesma forma que o apêndice.
• Índice(s) (elemento opcional) – definido pela NBR 14724 como "Lista de palavras ou frases, ordenadas segundo determinado critério, que localiza e remete para as informações contidas no texto".

3.14.4.1. Uso de Aspas, Itálico e Negrito

• Aspas: usadas nas citações ou no texto para dar destaque a uma palavra ou expressão.
• *Itálico*: usado nas palavras ou expressões de línguas estrangeiras.
• **Negrito**: usado no texto ou nos elementos pré e pós-textuais para destacar títulos e
• Palavras que assim o exijam.

3.14.5. Paginação

Elementos pré-textuais, textuais e pós-textuais, todas as folhas do trabalho deverão ser contadas sequencialmente a partir da folha de rosto, mas não numeradas. A numeração deverá estar visível a partir da primeira folha dos elementos textuais (geralmente a Introdução), em algarismos arábicos, no canto superior direito da folha. As páginas que contêm os elementos pós-textuais deverão ser numeradas do mesmo modo, na sequência do corpo do trabalho.

CAPÍTULO 4

4. Iniciação Científica

A iniciação científica é realização de um trabalho de pesquisa durante o curso de graduação que tem como objetivo o aprendizado do método científico. O texto científico é representado pelas monografias, papers, artigos científicos e resenhas publicadas em revistas especializadas.

4.1. Determinando as Necessidades

A iniciação científica é um instrumento que permite introduzir os estudantes de graduação potencialmente mais promissores na pesquisa científica e é a porta de entrada para a pós-graduação. É a possibilidade de colocar o aluno desde cedo em contato direto com a atividade científica e engajá-lo na pesquisa. Nesta perspectiva, a iniciação científica caracteriza-se como instrumento de apoio teórico e metodológico à realização do projeto de pesquisa e constitui um canal adequado de auxílio para a formação de uma nova mentalidade no aluno. Em síntese, a iniciação científica pode ser definida como um instrumento de formação de recursos humanos qualificados. É fundamental que os orientadores que participam da iniciação científica desenvolvam um planejamento para otimizar a atividade de pesquisa. Neste planejamento é necessário que exista a explicitação de:

- Qual a linha de pesquisa, sua definição e importância;
- Quais serão as pesquisas realizadas pelos próximos anos, organizadas por relevância, por complexidade, e por prioridade;
- Quais os recursos humanos e materiais necessários para a realização da pesquisa;
- Quais as atividades que os alunos deverão participar durante a iniciação científica;
- Quais são os conhecimentos e as habilidades que o aluno deve desenvolver para iniciar e realizar as atividades de iniciação científica;
- Quais as metas e objetivos da iniciação científica.

O conjunto de recursos, de conhecimentos e de habilidades que são necessários que o aluno da graduação desenvolva ou possua para fazer com sucesso as atividades de iniciação científica tem que ser considerado antes do seu início. Cabe à Instituição de Ensino Superior o planejamento e a realização das atividades de iniciação científica, bem como disponibilizar aos estudantes, de forma transparente, os detalhes sobre o programa, com suas vantagens, obrigações etc., para que este possa fazer uma opção esclarecida sobre participar ou não.

Na iniciação científica todo aluno está ligado a um orientador. O sucesso das atividades de iniciação científica vai depender da disponibilidade e desenvolvimento do conjunto dos recursos mencionados, bem como do compromisso do aluno. Assim, a identificação desses itens auxilia o professor orientador a determinar qual o grau de ajuda que o aluno irá necessitar para realizar as atividades de iniciação científica e planejar as atividades de acordo com o perfil que este apresenta. Além de garantir que as atividades da iniciação científica sejam executadas apropriadamente, o orientador é corresponsável pela pesquisa, devendo participar de todas as fases da pesquisa: no planejamento, na execução e na divulgação.

Além das características individuais, um outro ponto que necessita ser considerado é aquele que envolve o conjunto de recursos físicos (tangíveis e intangíveis), que envolve laboratórios e a própria instituição.

4.1.1. Grupos e Linhas de Pesquisa

Os grupos de pesquisa são definidos como conjuntos de indivíduos organizados hierarquicamente em torno de uma ou, eventualmente, duas lideranças. O conceito de grupo admite aquele composto de apenas um pesquisador. Na quase totalidade desses casos, os grupos se compõem do pesquisador e estudantes.

O fundamento organizador da hierarquia dos grupos está na experiência, no destaque e a liderança no terreno científico ou tecnológico, no qual existe envolvimento profissional e permanente com a atividade de pesquisa, cujo trabalho se organiza em torno de linhas comuns de pesquisa e que, em algum grau, compartilha instalações e equipamentos.

As Linhas de Pesquisa constituem-se em temas aglutinadores de estudos científicos que se fundamentam em tradição investigativa, de onde se originam projetos cujos resultados guardam afinidades entre si, ou seja, as linhas de pesquisa representam as linhas temáticas de cada grupo, ou seja, o que um ou mais pesquisadores têm como tema para suas pesquisas. Assim, as

linhas de pesquisa subordinam-se ao grupo, e não o contrário.
As linhas de pesquisa devem apresentar:

- Um resumo da proposta;
- Indicar o grupo ao qual está vinculado;
- Descrever o estado atual dos conhecimentos no domínio da pesquisa;
- Caracterizar o problema a ser pesquisado ou as questões de investigação, baseando-se em revisão bibliográfica pertinente e atualizada;
- Apresentar de forma clara os objetivos;
- Esclarecer a terminologia técnica;
- Descrever os métodos a serem empregados;
- Abordar aspectos legais de ética, propriedade intelectual e outras determinações pertinentes ao estudo;
- Detalhar, quando pertinente, as necessidades materiais e a forma de financiamento.
- Citar, a equipe de pesquisadores (com suas respectivas funções no projeto) e as instituições envolvidas;
- Apresentar cronograma de desenvolvimento do projeto;
- Citar e relacionar corretamente as referências bibliográficas.

4.1.2. Recursos, Conhecimentos e Habilidades

O principal recurso solicitado ao aluno é seu próprio tempo. O tempo a ser dedicado para alcançar esta meta é longo. Isso dever sempre ser lembrado para que o aluno durante o caminho possa adquirir e aprimorar os conhecimentos, as habilidades e as atitudes necessárias. O entusiasmo, a perseverança, a criatividade, a comunicabilidade e a humildade são as chaves para o sucesso nesta atividade.
É normal ocorrerem bloqueios durante a pesquisa. Eles se apresentam como incapacidade total de começar a escrever ou sair de um ponto em que se está trabalhando. Quando isso ocorrer, o importante é discutir com os outros sobre o bloqueio, sobre a pesquisa, sobre o projeto de pesquisa. Falar é mais simples que escrever e isso gera ideias. O aluno pesquisador deve se empenhar nessa fase porque esta atividade é vista como parte do esforço de aprimorar sua formação no curso de graduação. A quantidade de tempo necessária depende do assunto, do tipo de pesquisa, dos métodos usados,

da experiência do aluno e do tipo de apoio oferecido.
A carga de trabalho associada com a realização da iniciação científica é, portanto, muito variável. No entanto, entender quais são as tarefas e o tempo necessário para cada uma delas ajudará o aluno a fazer esta estimativa e decidir se vale a pena ou não se envolver com estas atividades.
O conjunto dos recursos, conhecimentos e das habilidades serão decisivos para a realização da iniciação científica de forma otimizada. O aluno deve fazer uma auto-avaliação se dispõe destes itens e qual o grau de auxílio que irá necessitar, e, em conjunto com o seu orientador, determinar um cronograma de suas atividades.

4.1.3. Orientação na Iniciação Científica

As atividades de orientação na fase da iniciação científica focam a necessidade de ensinar o aluno a pesquisar. Para alcançar esse objetivo um professor orientador deve ensinar o aluno a planejar, executar e divulgar a pesquisa. Cada uma dessas ações pode ser ainda subdividida, para permitir uma identificação dos pontos fracos e que merecem ser corrigidos.
A relação entre o aluno e o professor orientador é o ponto crítico na realização das atividades de iniciação científica. Como a presença do orientador é uma obrigação na iniciação científica, deveremos criar meios de possibilitar que esta relação seja a mais proveitosa possível.
Existem duas formas possíveis para a seleção de quem será o orientador. A primeira é o professor fazer a escolha do aluno, diretamente ou por meio de um processo seletivo; a segunda, é o aluno escolher o orientador. Em ambos os casos, a utilização, pelo aluno, de um roteiro para avaliar o seu orientador é fundamental para que a atividade de iniciação científica seja agradável e eficiente.
A escolha de um bom orientador é fundamental para o sucesso na iniciação científica. Um bom orientador com um bom aluno é o ideal, um bom orientador com um mau aluno é tolerável, mas um mau orientador com um mau aluno é uma combinação que não vai funcionar. Assim, cabe ao bom professor e ao bom aluno fazer a seleção mútua de forma adequada.

4.1.3.1. Roteiro para a Escolha do Orientador

O roteiro para entrevistar os candidatos a orientador deve conter as perguntas sobre o objetivo da pergunta (tema da pesquisa), sua relevância e os detalhes logísticos de realização da atividade de iniciação científica. As respostas devem ser realizadas na ordem apresentada e a pergunta seguinte só deve ser feita se a resposta anterior foi adequada.
A seguir é apresentado um roteiro com questões que o aluno pesquisador pode utilizar como guia para selecionar o seu professor orientador:

- Qual a pergunta da pesquisa que deve ser respondida? É importante este questionamento para saber se o potencial orientador tem uma ideia clara de quais são as possibilidades de pesquisa dentro do tema e também se ele possui uma linha de pesquisa;
- Qual a relevância da pesquisa? É importante para saber se o potencial orientador tem ideia da importância da pesquisa que será realizada;
- Qual método será utilizado? Este questionamento visa saber se o potencial orientador tem uma ideia sobre os itens envolvidos no projeto de pesquisa e as dificuldades que podem ser encontradas;
- Como será feito o projeto de pesquisa? Tem como objetivo saber se o potencial orientador conhece quais são os componentes do projeto de pesquisa;
- Qual o prazo a ser cumprido? É importante para saber se o potencial orientador pode estimar o prazo da pesquisa, que tem que ser estabelecido e cumprido através de um cronograma;
- Quem serão os autores da pesquisa? É importante para saber se o potencial orientador tem conhecimento de quais são os itens que estabelecem quem deve ser autor em uma pesquisa;
- Como a pesquisa será documentada? É importante para saber se o potencial orientador tem ideia de como registrar as diversas etapas que envolvem a pesquisa;
- Quais linhas de pesquisa existem? É importante para saber a visão do potencial orientador sobre as possibilidades de pesquisa dentro de um mesmo tema e também se ele possui uma linha de pesquisa;
- Quais são os conhecimentos e as habilidades necessárias para fazer a pesquisa? É importante para saber se o potencial orientador possui uma ideia clara que quais são as necessidades para a pesquisa dentro do tema escolhido e também se ele possui o conhecimento necessário.

Usar um roteiro de questões como descrito anteriormente ajuda a selecionar o orientador mais adequado, mas não é nenhuma garantia de acerto. O mesmo orientador pode ser um mau orientador para um aluno e um bom orientador para outro. Nesta busca, é importante ficar atento a um tipo especial de orientador, que pode passar despercebido, o facilitador.

O facilitador é um professor que não vai saber responder todo o questionário, porém tem como característica principal a qualidade de não atrapalhar o aluno e ser fonte de motivação constante.

4.2. Redação Científica

A redação científica apresenta algumas características formais bastante perceptíveis. A primeira delas é a utilização do argumento da autoridade. A maioria dos trabalhos acadêmicos classifica-se como de "iniciação científica", por não se basearem em investigação científica e por não apresentarem o requisito de originalidade. Em geral, é a síntese interpretativa de autores consagrados nas diversas áreas do conhecimento. Cada informação deve ser validada e confirmada por uma autoridade no assunto. Essa é a razão pela qual os textos científicos apresentam tantas citações.

A segunda característica formal do texto científico é a linguagem unívoca, ou seja, a estrutura do texto, as palavras usadas, tudo deve ser bem definido para evitar dupla interpretação. Espera-se que todas as pessoas que leiam o texto o compreendam da mesma maneira.

4.2.1. Resumos

Nos trabalhos de iniciação científica os resumos são, na grande maioria dos casos, uma forma de redação que repete o conteúdo do texto original, sob forma condensada. Embora classificados como "resumo de assunto", não dispensam o rigor acadêmico, exigindo uma linguagem formal: referencial, compreensível, clara, precisa e, gramaticalmente correta.

A finalidade do resumo é oferecer elementos capazes de permitir ao leitor decidir sobre a conveniência (ou não) de consultar o texto original ou transmitir informações fundamentais sobre o conteúdo de um documento. Elaborar um resumo significa redigir um novo texto, que contenha as ideias principais do texto original, de maneira condensada, porém preservando seu conteúdo principal.

A ABNT NBR 6028 define resumo como "apresentação concisa dos pontos relevantes de um documento" e os resultados são classificados pela extensão e pelo grau de complexidade das informações que apresentam:

• **Resumo indicativo (ou descritivo)** – segundo a NBR 6028 "Indica apenas os pontos principais do documento, não apresentando dados qualitativos, quantitativos etc.". Utilizam-se frases concisas, onde cada uma corresponde a um elemento fundamental do texto. É usado em prospectos, catálogos de editoras e muito útil na primeira fase da pesquisa bibliográfica. Não dispensa a leitura do texto original para a compreensão do assunto;
• **Resumo informativo (ou analítico)** – segundo a NBR 6028 "informa ao leitor finalidades, metodologia, resultados e conclusões do documento, de tal forma que este possa, inclusive, dispensar a consulta ao original". Os resultados e conclusões podem ser reunidos para evitar redundâncias no texto. As ideias principais são mantidas, mas não são permitidas opiniões pessoais ou interpretações;
• **Resumo crítico** – segundo a NBR 6028 é o "Resumo redigido por especialistas com análise crítica de um documento. Também chamado de resenha. Quando analisa apenas uma determinada edição entre várias, denomina-se recensão". Consiste na condensação do original, mantendo as ideias fundamentais, mas permitindo opiniões e comentários do autor do resumo. As informações apresentadas devem dispensar a leitura do original para a compreensão do assunto;
• **Sinopse** – (em inglês, synopsis, em francês, resumé, em espanhol, resumen) – a norma NBR 6028 não define sinopse, porém, segundo a prática acadêmica, esta indica apenas o tema e o assunto, com suas partes principais.

A norma NBR 6028 recomenda que os resumos tenham os seguintes limites de palavras:

• Para notas e comunicações breves – 50 a 100 palavras;
• Para artigos e periódicos – 100 a 250 palavras;
• Para trabalhos acadêmicos (tese, dissertação e outros) e relatórios técnico-científicos – 150 a 500 palavras.

OBS: Os resumos críticos não estão sujeitos a limite de palavras como os demais.

As regras gerais da NBR 6028 indicam que "O resumo deve ressaltar o objetivo, o método, os resultados e as conclusões do documento. A ordem e extensão desses itens dependem do tipo de resumo (informativo ou indicativo) e do tratamento que cada item recebe no documento original". A norma recomenda ainda o emprego de verbos na voz ativa e na terceira pessoa do singular, dando destaque às palavras-chave, e evitando o uso de parágrafos.

4.2.2. Palavras-chave

De acordo com a ABNT NBR 6028 é a "palavra representativa do conteúdo do documento, escolhida, preferencialmente, em vocabulário controlado". De modo geral, indicam-se de 3 a 5 palavras ou expressões, que devem ser separadas entre si por ponto e vírgula e finalizada por ponto. As palavras-chave devem figurar logo abaixo do resumo, antecedidas da expressão: Palavras-chave:.

4.3. Artigo Científico

Artigo é um trabalho de pesquisa realizado a partir de uma teoria ou de um problema elaborado pelo seu autor. Pode ser elaborado a partir da síntese de uma monografia, dissertação ou tese, uma síntese de pesquisa acadêmica ou outras fontes de informação. Sua estrutura pode variar em função das variáveis relacionadas com o tema proposto ou que influem sobre o mesmo.
A ABNT NBR 6022 define artigo como "texto de autoria declarada, que apresenta e discute ideias, métodos, técnicas, processos e resultados nas diversas áreas do conhecimento". A publicação em revistas científicas, técnicas, jornais ou boletins é a principal finalidade de um artigo científico.
A ABNT reconhece ainda dois tipos de artigos:

• **Artigo original**: quando apresenta temas ou abordagens próprias. Geralmente relata resultados de pesquisa e é chamado em alguns periódicos de artigo científico. Pode ser extraído de um trabalho monográfico maior, com o autor realizando as adaptações necessárias da forma monográfica;
• **Artigo de revisão**: quando resume, analisa e discute informações já publicadas. Geralmente é resultado de pesquisa bibliográfica.

Um artigo científico é a comunicação de uma pesquisa, cujas descobertas devem ser socializadas. Trata-se de uma pequena parcela de um saber maior, cuja finalidade, de um modo geral, é tornar pública parte de um trabalho de pesquisa que se está realizando. Constitui-se de pequenos estudos, porém, completos, que tratam de uma questão verdadeiramente científica, mas que não se constituem em matéria para um livro.
Entre os objetivos de um artigo científico podemos destacar a divulgação dos resultados de pesquisas originais, concluídas ou em andamento, e mesmo abordar de forma nova uma questão antiga; desenvolver aspectos secundários, não explorados, de um tema, ou ainda, expor assuntos controvertidos.
São finalidades do artigo científico:

• Comunicar os resultados de pesquisas, ideias e debates de uma maneira clara, concisa e fidedigna;
• Servir de medida da produtividade (qualitativa e quantitativa) individual dos autores e das instituições às quais servem;
• Ser um veículo para clarificar e depurar ideias;
• Refletir e analisar um dado assunto, num certo período de tempo;
• Servir como meio de comunicação e de intercâmbio de ideias entre pesquisadores de uma determinada área de atuação;
• Proporcionar os resultados do teste de uma hipótese, provar uma teoria (tese, trabalho científico);
• Registrar e transmitir algumas observações originais.

4.3.1. Escolha do Tema do Artigo

A escolha do tema do artigo científico é uma tarefa difícil, que envolve a análise das variáveis que podem ajudar ou dificultar a execução da pesquisa. É importante conciliar o aspecto prático e de desejo de quem irá desenvolver a pesquisa.
De nada adianta ter todas as facilidades práticas sem que ocorra o engajamento e a vontade de trabalhar tal tema. Assim, é importante:

• Definir o tema, escolhendo um assunto relacionado aos conteúdos teóricos selecionados;
• Delimitar o tema, ou seja, explicitar o que será abordado no estudo e o que não será abordado;

- Determinar a localização espacial e temporal: onde a pesquisa será desenvolvida e em que período ocorrerá o levantamento de dados ou a projeção de estudo;
- Desenvolver o trabalho em local que ofereça facilidade de acesso a informação;
- Executar o trabalho na área de interesse do(s) pesquisador (es);
- Evitar questões polêmicas;
- Reconhecer a utilidade do tema;
- Ter disponibilidade de tempo, recursos financeiros e materiais.

4.3.1.1. Metodologia para Desenvolvimento do Artigo

A metodologia descreve como a pesquisa para o desenvolvimento do artigo será realizada. É a operacionalização da pesquisa, que visa a relacionar os pontos teóricos levantados na fundamentação com a realidade que se pretende analisar.

A metodologia deve estar em conformidade com a proposta do objetivo geral e dos objetivos específicos da pesquisa. Desta forma, visa a responder às ações anunciadas nos mesmos.

4.3.2. Elementos Componentes do Artigo Científico

Como qualquer trabalho científico, o artigo é apresentado em três partes: a introdução (expõe o tema, a finalidade, os objetivos do trabalho, a metodologia da pesquisa, a justificativa da escolha do tema e do problema, além das limitações do estudo), o desenvolvimento (apresenta a fundamentação teórica e os argumentos que sustentam as descobertas a serem apresentadas na conclusão) e a conclusão (responde ao problema de pesquisa).

Segundo a NBR 6022, a estrutura de um artigo técnico-científico é a seguinte:

- **Título e subtítulo** – indica o conteúdo do artigo; o subtítulo especifica o tema abordado na pesquisa;
- **Autoria** – um breve currículo que qualifica o(s) autor (es) na área de conhecimento do artigo;
- **Resumo e Palavras-chave** – o resumo é o parágrafo que sintetiza os objetivos pretendidos, a metodologia empregada e as conclusões alcançadas no artigo. Deve apresentar, de forma concisa, os pontos

relevantes do texto, fornecendo uma visão rápida e clara do conteúdo e das conclusões do trabalho. Devem ser indicados os seguintes elementos: a natureza do problema estudado, material e métodos utilizados, os resultados mais significativos e as principais conclusões. Um resumo descritivo ou indicativo deve ser redigido, preferencialmente, na terceira pessoa do singular, em parágrafo único, não deve ultrapassar 250 palavras e deve ser apresentado em língua vernácula (português) e em uma língua estrangeira (Abstract, em inglês, Resumé, em francês, Resumen, em espanhol). As palavras chave são de 3 a 5 termos indicativos do conteúdo do artigo e acompanham o Resumo em português e em língua estrangeira (Keywords, em inglês, Motsclés, em francês, Palabras-clave, em espanhol);
• **Texto** – o autor desenvolve o tema do artigo. Ele está subdividido em:
   • **Introdução** – O objetivo da Introdução é situar o leitor quanto ao tema tratado e os procedimentos utilizados. É redigida sem subdivisões e deve ter entre cinco a dez por cento do corpo do trabalho (parte textual). É importante que a introdução desperte a atenção e o interesse do leitor pela pesquisa. A introdução apresenta sucintamente a delimitação do tema, os objetivos (geral e específicos), a justificativa e outros elementos necessários para situar o conteúdo do artigo:
      • **Objetivo geral** - define o propósito central da pesquisa, ou seja, o que se pretende alcançar com a pesquisa. É o que responde e soluciona o problema. Normalmente, é a pergunta de pesquisa (o problema) em forma de afirmação, sempre expressando uma ação, por isso começa com verbo;
      • **Objetivos específicos** - circunscrevem o objetivo geral, que é mais genérico. Os objetivos específicos cumprem etapas que necessitam ser cumpridas para alcançar o objetivo geral. São todas as afirmações que levarão o pesquisador a cumprir o objetivo geral;
      • **Justificativa** - apresentação dos motivos ou razões para a existência do artigo. Um artigo é justificado por sua relevância, importância, viabilidade e contribuições prática e teórica que pode trazer. Neste item do trabalho, o pesquisador pode escrever de forma mais livre, evitando, inclusive, a utilização da

linguagem extremamente culta. Dica: justificativa é a resposta que o autor dá à seguinte indagação do leitor: em que o estudo é importante para a área na qual você está atuando, ou para a área na qual busca formação acadêmica, ou para a sociedade em geral?

• **Desenvolvimento** – exposição ordenada e detalhada do tema do artigo e descreve os materiais utilizados, os métodos e as técnicas empregadas. Nos artigos originais, quando relatam resultados de pesquisa, o desenvolvimento mostra a análise e a discussão dos resultados. É necessário que o artigo agregue valor à área de estudo, apresente uma aplicação ou ideias novas. As frases devem ser curtas e fáceis de serem compreendidas;

• **Conclusão** – resumo interpretativo das conclusões e resultados obtidos. São considerados elementos de apoio ao texto notas, citações, quadros, fórmulas e ilustrações. As citações devem ser apresentadas de acordo com a NBR10520:2001 da ABNT. Na conclusão também se pode apresentar sugestões para novas pesquisas;

• Notas explicativas – A numeração das notas explicativas é feita em algarismos arábicos, devendo ser única e consecutiva para cada artigo. Não se inicia a numeração a cada página;

• **Referências bibliográficas** – lista de documentos citados nos artigos de acordo com a NBR 6023 da ABNT. A lista de referências é estreitamente relacionada à revisão de literatura. Na bibliografia devem constar todos os livros citados no corpo do trabalho, e aqueles que serviram como fonte de pesquisa, mas não foram citados. Por outro lado, não deve incluir trabalhos não citados no texto. Mais recentemente, tem-se visto trabalhos cuja bibliografia é dividida em duas partes: a bibliografia normal, com livros consultados, e a bibliografia multimídia, com referências de materiais retirados de páginas da Internet. De qualquer forma, recomenda-se seguir a norma ABNT vigente;

• Glossário – (elemento opcional) - A NBR 6022 define glossário como "Lista em ordem alfabética de palavras ou expressões técnicas de uso restrito ou de sentido obscuro, utilizadas no texto, acompanhadas das respectivas definições";

• **Apêndice** – (elemento opcional) - A NBR 6022 define apêndice como "Texto ou documento elaborado pelo autor, a fim de complementar sua argumentação, sem prejuízo da unidade nuclear do trabalho".

- **Anexo** – (elemento opcional) – texto ou documento não elaborado pelo autor, mas que serve de ilustração, comprovação ou fundamentação do trabalho. São textos ou documentos que poderiam acrescentar um pouco mais de informação sobre o assunto, mas que não se encaixam nos capítulos. Nesse caso, podem ser agregados ao trabalho na forma de anexos. A NBR 6022 define que os anexos são identificados por letras maiúsculas consecutivas, travessão e pelos respectivos títulos. Excepcionalmente utilizam-se letras maiúsculas dobradas, na identificação dos anexos, quando esgotadas as letras do alfabeto;
- **Tradução do Resumo** - apresentação do resumo, precedido do título, em língua diferente daquela na qual foi escrito o artigo;
- **Nota Editorial** - currículo do autor, endereço para contato, agradecimentos e data de entrega dos originais.

Nem todo trabalho necessita de apêndices ou anexos, mas em certas ocasiões eles são úteis, a fim de que a apresentação dos elementos textuais não quebre o ritmo da leitura ou desvie a atenção do conteúdo das partes.

É importante salientar que não há regras estanques, pois as variações quanto à escolha desses itens ocorrem conforme a proposta do trabalho. Este é um dos motivos que faz do professor orientador uma figura importante no papel da construção do trabalho de pesquisa.

4.3.2.1. Estrutura Básica do Artigo Científico

Cada entidade ou associação científica estabelece a estrutura do artigo a ser publicado (Figura 5). Habitualmente, constam de um artigo em publicação periódica científica os seguintes elementos:

- Pré-textuais

    - Título e subtítulo (se houver);
    - Autor (es), credenciais e local das atividades;
    - Resumo em língua vernácula, seguido das palavras-chave;

- Textuais

  - Introdução;
  - Materiais e métodos;
  - Desenvolvimento;
  - Discussão dos resultados;
  - Conclusões.

- Pós-textuais

  - Título e subtítulo (se houver) em língua estrangeira;
  - Resumo em língua estrangeira, seguido das palavras-chave;
  - Nota(s) explicativa(s) (se houver);
  - Referências bibliográficas;
  - Glossário (se houver);
  - Apêndices e anexos (se houver).

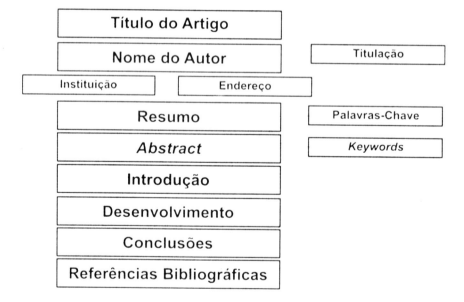

Figura 5 - Exemplo de estrutura de artigo técnico-científico

O artigo é importante para a obtenção de informações atualizadas sobre determinado assunto. Por esse motivo, seus objetivos devem ser definidos com clareza e a relevância do assunto abordado deve ser apontada. É necessário que a metodologia seja descrita e os resultados apresentados para discussão. Por sua vez, as conclusões devem ser pertinentes ao conteúdo apresentado e as citações no texto devem ser apresentadas de acordo com a norma ABNT NBR 10520.

Um artigo científico pode fundamentar-se na apresentação de fatos observados em laboratório ou no campo; verificação de teorias aceitas por meio de observação; descrição de novos processos tecnológicos ou novos materiais empregados pela técnica; apresentação atualizada de uma antiga teoria ou conceito tecnológico; trabalhos de síntese ou teorização baseados em observações ou ensaios de laboratório, entre outros.

Um artigo científico não deve ser extenso, porém, deve ser adequadamente ilustrado com figuras, gráficos e tabelas, suficientemente claros e precisos, devidamente identificados através de legendas, de forma a complementar o conteúdo do texto e facilitar sua compreensão.

No texto, devem-se incluir as informações básicas suficientes que permitam identificar o objeto de estudo e que permitam situar o leitor sobre os resultados das observações. O texto deve ser escrito para os leitores em geral, não para um pequeno grupo especializado que já tem conhecimento de trabalhos semelhantes.

Quando o artigo reproduz publicações anteriores é importante indicar o valor que essa reprodução apresenta. Uma vez publicado, o artigo estará irremediavelmente perdido para seu autor e seus efeitos (bons ou maus) não poderão mais ser modificados.

4.4. Cuidados na Redação do Artigo Científico

Os princípios indispensáveis à redação científica podem ser resumidos em quatro pontos fundamentais: clareza, precisão, comunicabilidade e consistência. Um texto é claro quando não deixa margem a interpretações diferentes da que o autor quer comunicar. Uma linguagem muito rebuscada que utiliza termos desnecessários desvia a atenção de quem lê e pode confundir.

Um texto é claro quando utiliza uma linguagem precisa, Isto é, cada palavra empregada traduz exatamente o pensamento que se deseja transmitir. É mais fácil ser preciso na linguagem científica do que na literária, na qual a escolha de termos é bem mais ampla. De qualquer forma, a seleção dos termos e a cautela no uso de expressões coloquiais devem estar sempre presentes na redação acadêmica.

Já a comunicabilidade é essencial na linguagem científica, em que os temas devem ser abordados de maneira direta e simples, com lógica e continuidade no desenvolvimento das ideias. É muito desagradável uma leitura em que frases substituem simples palavras ou quando a sequência das ideias apresentadas é interrompida atrapalhando o entendimento.

Finalmente, o princípio da consistência é um importante elemento do estilo e pode ser considerado sob três dimensões: **expressão gramatical** (por exemplo, um erro comum que ocorre na enumeração de itens: o primeiro é substantivo, o segundo uma frase e o terceiro um período completo); **categoria** (as seções de um capítulo devem manter um equilíbrio, ou seja, conteúdos semelhantes); **sequência** (a sequência adotada para a apresentação do conteúdo deve refletir uma organização lógica).

4.4.1. Qualidades Esperadas do Texto Científico

Um texto científico, por natureza, é uma redação dissertativa, com as tradicionais frases: Introdução, Desenvolvimento e Conclusão, devendo ser completo em si mesmo.

A redação de trabalhos acadêmicos e de artigos técnicos possui algumas características que devem ser obedecidas pelo autor para que a transmissão da informação e a sua compreensão por parte do leitor sejam eficazes. Vale aqui uma regra básica: ao redigir, coloque-se sempre na posição do leitor. Alguns dos princípios básicos desta interação que deve existir entre autor e leitor são os seguintes:

> • **Clareza de expressão** - Tudo que tiver sido escrito deve ser perfeitamente compreensível pelo leitor, ou seja, este não deve ter nenhuma dificuldade para entender o texto. Com esse fim, o autor deve ler cuidadosamente o que escreveu como se fosse o próprio leitor. Se o autor "tropeçar" na leitura imagine como será com o leitor;
> • **Objetividade na apresentação** - Convém escolher criteriosamente o material que será utilizado no texto de uma dissertação, tese, monografia ou artigo. O autor deve selecionar a informação disponível

e apresentar somente o que for relevante. Este aspecto é ainda mais importante em um artigo, em que a concisão é geralmente desejada pelo leitor;
• **Precisão na linguagem** - A linguagem científica deve ser precisa e as palavras e seus acompanhantes (figuras, gráficos, tabelas etc.) necessitam ser decodificadas pelo leitor à medida que este percorre o texto. As palavras e acompanhantes que entrarão no texto devem ser escolhidas com cuidado para exprimir exatamente o que se tem em mente;
• **Utilização correta das regras da língua** - Escrever erradamente pode resultar de ignorância ou de desleixo. Se for por ignorância o melhor é consultar dicionários e textos de gramática. Se for por desleixo, o leitor (e membro da Banca Examinadora) terá todo direito de pensar que o trabalho em si também foi feito com desleixo. Seja qual for a razão, sempre será um desrespeito ao leitor.

Da redação científica espera-se organização, lógica, elegância, simplicidade, concisão, propriedade sintática e clareza semântica. Não se escreve da noite para o dia, e não se escreve sem leituras e estudos anteriores. Para que um texto científico venha a reunir todas estas características, seu autor deve conhecer modelos literários apropriados e ter passado por uma experiência de redação científica sistemática.

Ao escrever o autor deve observar sempre as características do leitor. Quanto mais especializado ele é, mais técnico deve ser o texto. Todavia, independente do público ao qual se destina, o texto deve respeitar as regras gramaticais da língua e da normalização de documentos (citações, referências etc.).

Quando as propostas de artigos científicos são analisadas, os avaliadores geralmente já têm na mente algumas questões enquanto analisam o texto apresentado.

A seguir são apresentadas algumas questões que podem ser úteis no momento de revisar o texto de um artigo:

• O titulo reflete corretamente a proposta do artigo?
• O resumo (abstract) esta suficientemente conciso?
• A lista de palavras-chave (keywords) fornece índices (index) adequados para facilitar a busca do artigo?
• Na introdução, os propósitos do artigo estão claramente estabelecidos?
• Os propósitos declarados no artigo são concluídos com sucesso?

- As figuras e as tabelas ajudam a esclarecer o conteúdo do artigo?
- A sintaxe do texto esta satisfatória?
- O texto é conciso ou excessivamente longo?
- O texto é desenvolvido com argumentos razoavelmente lógicos?
- As conclusões acompanham o que foi relatado no trabalho?
- As referencias bibliográficas indicadas são representativas?
- O artigo tem qualidade adequada para ser publicado?

As questões aqui apresentadas não devem ser, entretanto, tão rigidamente observadas a ponto de inibirem o estilo pessoal. Não têm, também, a pretensão de garantir uma boa qualidade da redação, da mesma forma que o conhecimento de regras gramaticais não garante a boa qualidade da comunicação.

4.4.2. Linguagem Científica

A produção científica exige o uso de uma terminologia adequada para os trabalhos acadêmicos. O uso de termos adequados torna possível a compreensão do texto técnico-científico em sua totalidade, mesmo para quem não domina completamente o idioma que foi empregado.

Além da terminologia adequada, exige-se a utilização de uma linguagem especializada. Neste caso, a linguagem científica, fazendo uso da terminologia pertinente, constitui a base para a estruturação do conhecimento. Os termos técnicos devem ser bem conhecidos pelos usuários ou bem definidos, caso não sejam acessíveis.

Os textos devem ser expressos de forma lógica e racional e os resultados devem ser transmitidos numa linguagem em que se adotam definições precisas para cada termo técnico empregado, de forma que o seu significado seja o mesmo para todos que o analisam.

A preocupação principal na elaboração de trabalhos acadêmicos deve ser a objetividade, a comunicação clara e precisa, a concisão, a exatidão dos conceitos, a linguagem adequada e gramaticalmente correta. O vocabulário adotado deve ser composto por palavras da linguagem usual, de sentido denotativo, ou seja, as palavras têm o sentido relacionado àquele encontrado no dicionário (um sentido amplo, comum e geral), e certo número de termos e expressões que exprimem as relações formais necessárias, específicas de cada universo de discurso. Exclui-se qualquer tipo de conotação (o sentido das palavras é subjetivo, estando relacionado com figuras de linguagem ou com expressões culturais), de maneira que cada palavra ou frase indique uma única e mesma coisa ou processo, sem possibilidade de outras interpretações ou duplo sentido. Os textos devem ser consistentes, coerentes e lógicos.

No texto científico devem ser utilizados recursos que têm como objetivo torná-lo neutro, impessoal, tais como o emprego das formas impessoais dos verbos, verbos na voz passiva e determinadas expressões que os despersonalizam. Eis algumas sugestões que fazem desaparecer o sujeito individual: "fez-se", "procedeu-se à análise", "buscou-se neste trabalho", "conclui-se que" e outras.

Andrade (2007, p.28) enfatiza:

> Na escolha do sujeito do discurso acha-se implícita uma série de valores pessoais, éticos e morais. O emprego da 1ª pessoa revela a presença do emissor do texto, criando um efeito de subjetividade, enquanto a 3ª pessoa empresta ao texto certa objetividade. O sujeito explícito pelo "eu" ou "nós" pode sugerir a ideia de que o pesquisador é o "dono" do assunto. A impessoalidade, ao contrário, reafirma a ideia de pesquisa como um fato social, universal, indicando que qualquer pesquisador que aborde o mesmo tema e siga os mesmos procedimentos metodológicos, chegará às mesmas conclusões.

Os textos científicos exigem o emprego de linguagem objetiva, denotativa e referencial, sendo inadequado, embora metodologicamente aceito por alguns, o emprego do sujeito na 1ª pessoa do singular ou do plural. Entre outras desvantagens, o emprego da 1ª pessoa do plural dificulta a concordância gramatical e gera ambiguidades no texto.

Também não se devem apresentar justificativas baseadas em razões subjetivas, experiência ou gosto pessoal para a escolha do tema. Claro que um artigo deve priorizar o gosto e a experiência do pesquisador, porém, esses requisitos óbvios não precisam ser indicados com o emprego de expressões do tipo: "em minha experiência" ou "o tema sempre despertou meu interesse" e outros.

4.4.2.1. Começando a Redigir

Definido um tema, o pesquisador já poderá partir para a escrita do artigo científico. Começar logo é importante, porém não esquecer que, quando se escreve a partir de uma base sólida de conhecimento, a possibilidade de se alcançar uma redação consistente e bem fundamentada é muito maior. Entretanto, o início da redação do artigo é quase sempre uma atividade difícil, por vários fatores:

- Falta de familiaridade com redação e dificuldade com a escrita;
- Sensação de insegurança para começar;
- Falta de organização das atividades;
- Carência de uma estrutura para o trabalho;
- Indefinição e dúvidas sobre o tema.

A maioria desses fatores de dificuldade pode ser atacada dando início à redação. Muitas vezes a motivação está associada ao alcance de algo tangível. Um capítulo redigido é quase sempre algo bastante motivador. Uma estruturação inicial do trabalho é providencial.

CAPÍTULO 5

5. Relatórios

O relatório tem como objetivos apresentar e descrever informações relativas a momentos experimentados, ouvidos ou observados ou de historiar a execução de serviços e experiências.

5.1. Objetivos do Relatório

Uma das grandes dificuldades encontradas por alguns estudantes e até mesmo por profissionais mais experientes surge quando é chegado o momento de redigir um relatório. De um modo geral, podemos dizer que um relatório é escrito com os objetivos de divulgar os dados técnicos obtidos e analisados e registrá-los em caráter permanente. A elaboração de um relatório exige três coisas: o domínio da língua, alguma prática de redação e o conhecimento da matéria relatada. Elaborar um relatório é, dessa forma, uma tarefa perfeitamente acessível a qualquer pessoa que atenda às condições mencionadas anteriormente.

Não existe uma estrutura rígida para elaborar um relatório. O formato sempre irá depender da pessoa (ou grupo de pessoas) por quem o relatório será analisado, como também do que se propõe a mostrar. De qualquer maneira, existem algumas características que podem ser encontradas em qualquer tipo de relatório como, por exemplo, uma linguagem adequada, boa apresentação gráfica, síntese sem prejuízo do conteúdo, entre outras (Figura 6).

Figura 6 - Exemplo de estrutura de relatório

A apresentação gráfica também deve receber destaque, principalmente quando os relatórios são direcionados para apresentações formais. Como nem sempre as pessoas que vão ler o relatório tem o completo domínio do assunto tratado, o relatório deve apresentar um índice de fácil compreensão, um texto detalhado e equilibrado, o que valoriza muito o seu conteúdo.
Também se deve ter em mente que um relatório não é uma peça literária, e tão pouco um simples bilhete. Um exemplo bem clássico para relatórios vem da antiguidade, da Roma antiga, e tem sua existência nas palavras do Imperador Romano Júlio César. Em um de seus relatórios ao Senado Romano ele informa o resultado de uma de suas batalhas: "Veni, Vidi, Vinci" (cheguei, vi e venci). Claro que na' atualidade um relatório moderno não pode ser escrito dessa forma. Tendo em vista a complexidade de nossa sociedade, das especializações técnicas, necessitamos detalhar as informações e fazer seu registro com precisão, uma vez que "Verba Volant, Scripta Manent" (as palavras voam, os escritos ficam).
Como já foi mencionado, o formato de um relatório depende do público a que se destina. Sendo assim, um relatório também poderá ter um aspecto formal ou informal dependendo de quem irá apreciar seu conteúdo. Por exemplo, relatórios formais são aqueles que se destinam a diretores, gerentes e presidentes de organizações. Os informais poderão ser destinados aos supervisores, coordenadores ou chefes de seções e também aos profissionais no mesmo nível dentro da organização.

5.2. Tipos de Relatórios

Independente da finalidade, qualquer relatório deve constar de uma síntese ou resumo, onde é informado o assunto de que trata o relatório, o índice com os temas abordados, o texto propriamente dito, de um sumário e deve apresentar uma conclusão ao final. No sumário, o conteúdo é descrito por títulos e subtítulos, enquanto no resumo, o conteúdo é apresentado em forma de texto reduzido.
Quando estamos elaborando algum outro trabalho ou documento, é comum fazermos esboços e anotações preliminares antes de executar o texto definitivo. Da mesma forma, a preparação de um relatório deve seguir essa mesma técnica. Prepara-se primeiramente um esboço, onde são reunidas as informações necessárias para depois se proceder à redação definitiva do relatório. Uma forma interessante de esboçar um relatório é a separação por folhas de assuntos. Essa tarefa pode ser feita à mão ou até mesmo através

de um editor de textos em um computador. Em cada folha são colocados os títulos do tema geral do relatório. Podem-se também colocar observações, anexos, etc. Depois, seguindo-se a ordem das folhas, desenvolvem-se as diversas partes constitutivas do relatório.

Não existe um tamanho prefixado para um relatório. O bom senso, no entanto, recomenda a máxima clareza possível. Assim, não devemos ser nem tanto prolixos nem tanto sintéticos ao extremo. A objetividade e clareza na exposição das ideias juntamente com o equilíbrio no uso de expressões do cotidiano e dos termos técnicos para expor o assunto, irão determinar o grau de sucesso de um relatório.

5.2.1. Relatório Técnico-científico

O principal objetivo de um relatório técnico-científico é descrever, de modo formal e sistemático, os resultados parciais ou gerais de uma investigação científica ou pesquisa. Nele estão contidas informações acerca do objeto investigado e dos meios utilizados para tal. Contém, ainda, conclusões e recomendações para a continuidade do trabalho.

5.2.2. Relatório de Estágio

Traz o registro de experiências vivenciadas na área de atuação futura do formando. Além dos elementos básicos de um relatório, nele devem constar o período de desenvolvimento do estágio, o local bem como o tempo de duração.

5.2.3. Relatório de Viagem e /ou Participação em Eventos

Tal relatório descreve detalhes acerca de atividades desenvolvidas em viagens e/ou eventos temáticos relacionados a estudos em desenvolvimento. Especifica data, local e participantes do evento.

5.2.4. Relatório de Visita Técnica

Destina-se à apresentação de informações técnicas de visitas a locais relacionados a alguma área de estudo em desenvolvimento. As visitas técnicas contribuem para a formação prática do formando e devem especificar o local e a data da visita.

5.2.5. Relatório Administrativo

Com o objetivo de relatar determinada atuação administrativa dentro de uma organização, desenvolve-se o relatório administrativo. Pode ser elaborado individualmente ou em grupo, desde que especificado o período que está sendo relatado.

5.3. Etapas do Relatório

Um relatório pode ser dividido em etapas para sua elaboração:

5.3.1. Plano Inicial

Nesta fase, determina-se a natureza do relatório e se procede o seu planejamento.

5.3.2. Coleta e Organização do Material

Durante a execução do trabalho, é feita a coleta, a ordenação e o armazenamento do material necessário ao desenvolvimento do relatório.

5.3.3. Redação

A redação deve observar as características da redação técnica, obedecendo a critérios de clareza, correção, coerência, objetividade e ordenação lógica, básicos para uma boa redação.

5.3.4. Revisão

Recomenda-se uma revisão crítica do relatório, considerando-se os seguintes aspectos:

- Redação (conteúdo e estilo);
- Sequência das informações;
- Apresentação gráfica e física.

5.4. Estrutura do Relatório

5.4.1. Elementos Pré-Textuais

- Capa
- Falsa folha de rosto (para relatórios tecnico-científicos)
- Folha de rosto
- Dedicatória, agradecimentos (opcionais)
- Sumário (quando o relatório for extenso e detalhado)
- Listas (quando houver).

5.4.2. Elementos Textuais

- **Introdução** - deve conter claramente os objetivos e finalidades do trabalho, bem como a justificativa para o seu desenvolvimento;
- **Desenvolvimento (ou discussão)** - descreve-se a fundamentação teórica, o esquema de investigação e a metodologia de estudo, envolvendo os procedimentos metodológicos, como as fontes de dados e instrumentos empregados. Nesta fase, ainda, apresenta-se o tipo de amostragem e os dados obtidos, o tratamento a eles aplicado e a interpretação dos resultados.
- **Conclusões (e/ou recomendações)** - ao finalizar o relatório, apresenta-se uma síntese dos elementos relevantes, baseada na evidência clara dos fatos observados e que possam ser comprovados. As sugestões para pesquisas posteriores e recomendações também fazem parte desta etapa do trabalho.

5.4.3. Elementos Pós-Textuais:

- Referências Bibliográficas
- Anexos e/ou apêndices

5.5. Leitura, Fichamento, Resumo, Citações e Referências

Para a realização do projeto de pesquisa e, principalmente, para a elaboração da revisão de literatura, os processos de leitura e fichamentos de textos são fundamentais. Ter condições de elaborar resumos é importante na medida em que facilita o processo de síntese e análise dos documentos lidos. Citações e referências elaboradas de acordo com as normas da ABNT facilitam o processo de identificação dos documentos lidos e permitem que você dê crédito, por uma questão de honestidade intelectual, aos autores das ideias usadas em sua pesquisa.

5.5.1. Leitura

Saber ler e interpretar um texto é fundamental. Para facilitar o processo de leitura Severino (2000) recomenda que esta seja feita com base nas seguintes dimensões de análise:

- **Análise textual:** preparação do texto para a leitura. Requer o levantamento esquemático da estrutura redacional do texto. Objetiva mostrar como o texto foi organizado pelo autor permitindo uma visualização global de sua abordagem. Devem-se buscar: esclarecimentos para o melhor entendimento do vocabulário, conceitos empregados no texto e informações sobre o autor;
- **Análise temática:** compreensão da mensagem do autor. Requer a procura de respostas para as seguintes questões: de que trata o texto? Qual o objetivo do autor? Como o tema está problematizado? Qual a dificuldade a ser resolvida? Que posições o autor assume? Que ideias defende? O que quer demonstrar? Qual foi o seu raciocínio, a sua argumentação? Qual a solução ou a conclusão apresentada pelo autor?;
- **Análise interpretativa:** interpretação da mensagem do autor. Requer análise dos posicionamentos do autor situando-o em um contexto mais amplo da cultura filosófica em geral. Deve-se fazer avaliação crítica das ideias do autor observando a coerência e validade de sua argumentação, a originalidade de sua abordagem, a profundidade no tratamento do tema, o alcance de suas conclusões. E, ainda, fazer uma apreciação pessoal das ideias defendidas.

5.5.2. Fichamento de Textos

O primeiro passo será definir o tema e, depois, levantar os aspectos que se pretende abordar referentes ao tema (plano de trabalho). Em seguida deve-se proceder à leitura dos textos, procurando levantar informações importantes para todos os aspectos escolhidos na abordagem já definida anteriormente.

O fichamento de citações é muito útil à elaboração da revisão de literatura. Desta forma, conforme as informações que você for encontrando serão abertas novas fichas. Quanto maior for o número de fichas maior o número de informações disponíveis para serem usadas como suporte para análise e discussão dos resultados obtidos. A composição de um novo texto síntese do que já foi abordado na literatura sobre o tema será também facilitada.

O próximo passo consiste em agrupar os fichamentos conforme a parte do texto indicada no cabeçalho. Ler e analisar o conjunto das informações recolhidas, juntando os autores por similaridade ou diferenças na abordagem. Em seguida, temos a redação do texto que deve obedecer aos seguintes critérios, segundo Azevedo (1998):

- **Clareza:** o texto deve ser escrito para ser compreendido;
- **Concisão:** o texto deve dizer o máximo no menor número possível de palavras;
- **Correção:** o texto deve ser escrito corretamente conforme as regras gramaticais;
- **Encadeamento:** as frases, os parágrafos, os capítulos devem estar encadeados de forma lógica e harmônica;
- **Consistência:** o texto deve usar os verbos nos mesmos tempos, preferencialmente na voz ativa;
- **Contundência:** o texto não deve fazer rodeios, e sim ir direto ao ponto desejado, apresentando as colocações de forma objetiva e firme;
- **Precisão:** o texto deve evitar o uso de termos ambíguos ou apresentar a definição adotada;
- **Originalidade:** o texto deve evitar o uso de frases feitas ou lugares-comuns. Dever se autônomo e apresentar ideias novas;
- **Correção política:** o texto deve evitar o uso de expressões de cono-

tação etnocentrista ou preconceituosa;
• **Fidelidade:** o texto deve respeitar o objeto de estudo, as fontes empregadas e o leitor. Devem estar indicadas as fontes usadas para escrevê-lo.

5.5.3. Resumo

Resumo é a apresentação condensada dos pontos relevantes de um texto. Os resumos devem ser elaborados de acordo com a norma ABNT NBR 6028, que define as regras para sua redação e apresentação. Os resumos devem vir sempre acompanhados da referência da publicação.
O resumo deve ressaltar de forma clara e sintética a natureza e o objetivo do trabalho, o método que foi empregado, os resultados e as conclusões mais importantes, seu valor e originalidade. O conteúdo de um resumo deve contemplar o assunto ou os assuntos tratados de forma sucinta, como o tema foi abordado e suas conclusões. A leitura do resumo deve permitir conhecer o documento e determinar se é preciso ler o documento na íntegra. São requisitos do resumo:

• **Concisão:** a redação é concisa quando as ideias são bem expressas com um mínimo de palavras;
• **Precisão:** resultado das seleções das palavras adequadas para expressão de cada conceito;
• **Clareza:** característica relacionada à compreensão. Significa um estilo fácil e transparente.

5.5.3.1. Tipos de Resumos

Quanto ao tipo, os resumos podem ser classificados como:

• **Informativo** - Contém as informações essenciais apresentadas pelo texto. Sua estrutura deve ser lógica, isto é, o texto deve ter começo, meio e fim. A primeira frase deve ser significativa, expondo o tema principal do documento, isto é, identificando o objetivo do autor. As frases subsequentes devem seguir uma lógica de abordagem, isto é, a sequência dada às ideias pelo autor, incluindo todas as divisões importantes dando igual proporção a cada uma delas e sempre obser-

vando o tema principal do documento, isto é, objetivo do autor. Dar preferência ao uso da terceira pessoa do singular e o verbo na voz ativa (descreve, aborda, estuda, etc.);
• **Indicativo ou Descritivo** - Não dispensa a leitura do texto completo. Apenas descreve a natureza, a forma e o objetivo do documento;
• **Crítico** - Informa sobre o conteúdo do trabalho e formula julgamento sobre ele. Não existe padronização. É subjetivo, pois depende de interpretação. O seu resultado é produto do repertório particular de conhecimentos de quem o está elaborando.

5.5.3.2. O que Evitar no Resumo

Em geral, o resumo é o ultimo item do artigo a ser escrito e uma parte importantíssima. A necessidade de resumos concisos frequentemente levam o pesquisador iniciante a ter dificuldade na sua elaboração.
A linguagem utilizada deve ser informativa. É impreciso descrever no resumo como o artigo foi escrito ou organizado, isto é papel da introdução. O resumo deve expressar ao leitor o que está sendo pesquisado, como foi o experimento e os resultados obtidos. Segundo a NBR 6028, deve-se evitar no resumo o uso de parágrafos, frases longas, citações e descrições ou explicações detalhadas, expressões do tipo: o "autor trata", no "texto do autor" o "artigo trata" e similares, figuras, tabelas, gráficos, fórmulas, equações e diagramas.
A extensão recomendada, segundo a ABNT, para os resumos informativos é a seguinte:

• monografias e artigos: até 250 palavras;
• notas e comunicações breves: até 100 palavras;
• relatórios e teses: até 500 palavras.

A seguir estão listadas algumas sugestões sobre o que evitar na elaboração do resumo de um artigo científico:

• Não iniciar o resumo com expressões do tipo: "Este artigo..."; "Este trabalho...". Deve-se ir direto ao assunto abordado, evitando explicações sobre partes do trabalho;
• No corpo do texto deve-se evitar sentenças que terminem com as

seguintes expressões: "... é descrito", "... é relatado"; "são analisadas". Isto é muito vago para ser tratado como algo informativo;
• Evitar iniciar frases com expressões como: "É sugerido..."; "Foi sugerido..."; "Acredita-se que..."; Foi deduzido que..."; "Em qualquer caso estas palavras podem ser suprimidas sem causar grandes danos a essência do texto;
• Não usar primeira pessoa (singular ou plural), evitando também expressões do tipo: "o autor...". O resumo deve ser impessoal (terceira pessoa) e tratar apenas do assunto abordado na pesquisa, e não sobre o ato de escrever.

5.5.4. Citações

Segundo a NBR 10520, citação é a "menção no texto de uma informação extraída de outra fonte". Pode ser uma citação direta, citação indireta ou citação de citação, de fonte escrita ou oral.
A NBR10520 define ainda os parâmetros para a apresentação de citações em documentos. As citações em trabalho escrito são feitas para apoiar uma hipótese, sustentar uma ideia ou ilustrar um raciocínio por meio de menções de trechos citados na bibliografia consultada.

5.5.4.1. Tipos de Citação

• Citação direta - É quando transcrevemos o texto utilizando as próprias palavras do autor. A transcrição literal virá entre "aspas". Por exemplo: Segundo Vieira (1998, p.5) o valor da informação está "diretamente ligado à maneira como ela ajuda os tomadores de decisões a atingirem as metas da organização";
• Citação indireta - É a reprodução de ideias do autor. É uma citação livre, usando as suas palavras para dizer o mesmo que o autor disse no texto. Contudo, a ideia expressa continua sendo de autoria do autor consultado, logo é necessário citar a fonte, ou seja, dar crédito ao autor da ideia. Por exemplo: O valor da informação está relacionado com o poder de ajuda aos tomadores de decisões a atingirem os objetivos da empresa (VIEIRA, 1998);
• Citação de citação - É a menção de um documento ao qual você não teve acesso, mas que tomou conhecimento por citação em um outro

trabalho. Usamos a expressão latina apud ("citado por") para indicar a obra de onde foi retirada a citação. Sobrenome(es) do Autor Original (apud Sobrenome(es) Sobrenome(es) dos Autor(es) da obra que retiramos a citação, ano de publicação da qual retiramos a citação). É uma citação indireta. Por exemplo: Porter (apud CARVALHO e SOUZA, 1999, p.74) considera que "a vantagem competitiva surge fundamentalmente do valor que uma empresa consegue criar para seus compradores e que ultrapassa o custo de fabricação pelas empresas".

5.5.4.2. Apresentação de Citações

• Até três linhas: aparece fazendo parte normalmente do texto. Por exemplo: Porter (apud CARVALHO e SOUZA, 1999, p.74) considera que "a vantagem competitiva surge fundamentalmente do valor que uma empresa consegue criar para seus compradores e que ultrapassa o custo de fabricação pelas empresas";
• Mais de três linhas: recuo de 4 cm para todas as linhas, a partir da margem esquerda, com fonte menor que a do texto utilizado e sem aspas. Por exemplo:
• Drucker (1997, p.16) chama a nova sociedade de sociedade capitalista. Nesta nova sociedade:

> O recurso econômico básico – 'os meios de produção', para usar uma expressão dos economistas – não é mais o capital, nem os recursos naturais (a 'terra dos economistas'), nem a 'mão-de-obra'. Ele será o conhecimento. As atividades centrais de criação de riqueza não serão nem a alocação de capital para usos produtivos, nem a 'mão-de-obra' – os dois pólos da teoria econômica dos séculos dezenove e vinte, quer ela seja clássica, marxista, keynesiana ou neoclássica. Hoje o valor é criado pela 'produtividade' e pela 'inovação', que são aplicações do conhecimento ao trabalho.

5.5.4.3. Sistemas de Chamada das Citações

• Sistema numérico – quando é utilizado o número em vez da data. Essa numeração deve ser única e consecutiva para todo o documento ou por capítulos. Por exemplo: Segundo Stewart, "o capital humano é a capacidade, conhecimento, habilidade e experiências individuais..."5 No final do texto, nas fontes bibliográficas, as referências deverão aparecer em ordem numérica como consta no texto onde a referência número 5 será a da obra de Stewart:

5 STEWART, Thomas. Capital intelectual: a nova vantagem competitiva das empresas. Rio de Janeiro: Campus, 1997. p.7

• Sistema autor-data – Quando é utilizado o sobrenome do autor acompanhado da data do documento. Por exemplo: Conforme Stewart (1997, p.7) "o capital humano é a capacidade, conhecimento, habilidade [...] pelo qual os clientes procuram a empresa e não o concorrente". No sistema autor-data devem ser observado, segundo a ABNT: quando houver coincidência de autores com o mesmo sobrenome e data de edição, acrescentam-se as iniciais de seus prenomes: Segundo Cintra, O. (1998)... Conforme Cintra, A. (1998)... as citações de diversos documentos e o mesmo autor, publicados no mesmo ano, são distinguidas pelo acréscimo de letras minúsculas após a data e sem espacejamento. Por exemplo: Na concepção teórica de estratégias de leitura apresentada em análise documentária Cintra (1987a) concorda com a visão... O domínio da estrutura textual implica o conhecimento das partes... (CINTRA, 1987b). No item Referências, estas deverão aparecer por extenso em ordem alfabética, considerando primeiramente sobrenome do autor:
Exemplo
CINTRA, Ana Madalena. Elementos de linguística para estudos de indexação automatizada. Ciência da Informação, Brasília, v.15, n.2, p.5-22, jan./jun.1987b.
CINTRA, Ana Madalena. Estratégias de leitura em documentação. In: SMITT, Johanna. Análise documentária: análise da síntese. Brasília: IBICT, 1987a. p.29-38.

5.5.5. Referências

Referência é o conjunto de elementos que permitem a identificação, no todo ou em parte, de documentos impressos ou registrados em diversos tipos de materiais. As referências servem para dar maior cunho de credibilidade e legitimidade ao trabalho e ao autor, além de permitir ao leitor consultar as obras indicadas.

Toda referência deve ser apresentada de forma técnica para permitir pronta identificação. A Associação Brasileira de Normas Técnicas na NBR 6023: "fixa a ordem dos elementos das referências e estabelece convenções para transcrição e apresentação de informação originada do documento e/ou outras fontes de informação".

Atualmente utiliza-se o termo "Referências", tendo em vista que há a utilização de mídias e Internet que não podem ser classificadas como Biblios, isto é, livros.

Nos trabalhos acadêmicos a referência pode aparecer:

- em nota de rodapé ou no final texto;
- encabeçando resumos ou recensões.

Para uma melhor recuperação de um documento, as referências devem ter alguns elementos indispensáveis, como:

1. Autor (quem?);
2. Título (o que?);
3. Edição;
4. Local de publicação (onde?);
5. Editora;
6. Data de publicação da obra (quando?).

Esses elementos devem ser apresentados de forma padronizada e na sequência apresentada acima. Uma das finalidades das referências **é informar a origem das ideias** apresentadas no decorrer do trabalho. Nesse sentido, o **autor do trabalho** deve apresentá-las completas, para facilitar **a localização dos documentos.**

CAPÍTULO 6

6. Monografia, Dissertação e Tese

Monografia, dissertação e tese, são os relatórios finais das pesquisas realizadas nos programas de pós-graduação para a obtenção do título de especialista, mestre e doutor, respectivamente. São trabalhos científicos, que têm em comum os seus elementos, partes e capítulos, tanto nas suas composições como nas suas disposições na obra, e obedecem ainda às mesmas exigências de rigor metodológico de editoração e edição, pertencendo àquela categoria de obra avulsa na qual o autor é o editor.

6.1. Pós-Graduação

No ensino superior encontramos os cursos de graduação e de pós-graduação e a reta final desses cursos é marcada pela elaboração de um trabalho de pesquisa para a conclusão de curso. Para cada tipo de área do conhecimento existe um método cientifico a utilizar. Para cada tipo de pesquisa (quanto aos objetivos) existe uma pesquisa (quanto aos procedimentos) e uma metodologia associada para seu desenvolvimento. Para cada tipo de problema existe um método ou "ferramenta" para sua resolução.

Após a conclusão do curso de graduação, existem duas modalidades de especialização: Pós-graduação Lato Sensu e Pós-graduação Stricto Sensu. Os cursos de pós-graduação podem ocorrer na forma stricto sensu (mestrado e doutorado) ou lato sensu (especialização e aperfeiçoamento), tendo estes últimos por objetivo fundamental atender a uma demanda específica do mercado de trabalho.

A diferença entre os dois cursos é em relação ao número mínimo de horas de duração que devem apresentar: especialização, cerca de 360 horas, e aperfeiçoamento, cerca de 180 horas. O Quadro 2 apresenta um organograma sobre a formação do Ensino Superior no Brasil.

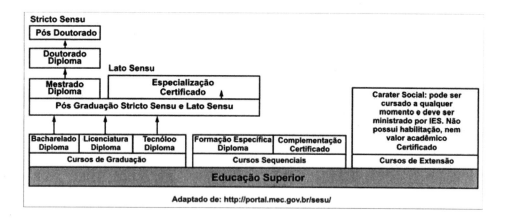

Quadro 2 – Organograma do Ensino Superior

Nos cursos de pós–graduação stricto sensu, mestrado e doutorado, os relatórios de pesquisa são chamados de Dissertação e Tese, respectivamente. Dissertação de mestrado é o relatório final da pesquisa realizada no curso de pós–graduação para a obtenção do título de mestre. Tese de doutorado é o relatório final de pesquisa realizada no curso de pós–graduação para a obtenção do título de doutor.

As monografias, de modo geral, destinam-se a ser requisitos parciais para a obtenção de titulação em programas de pós-graduação (nível de especialização). As dissertações e teses, são publicações científicas, que destinam-se a ser requisitos parciais para a obtenção de titulação em programas de pós-graduação em níveis de mestrado e doutorado.

A dissertação de mestrado e a tese de doutorado são trabalhos científicos. As diferenças entre elas não se resumem à extensão do trabalho, mas se referem ao nível da abordagem. Da tese de doutorado os cursos exigem da pesquisa realizada uma contribuição original, e da dissertação de mestrado as exigências nesse aspecto são menores. A dissertação de mestrado representa o primeiro passo de inserção do pesquisador no mundo da ciência.

Para Salvador (1978), a contribuição que se espera da dissertação é a sistematização dos conhecimentos; a contribuição que se deseja da tese é uma nova descoberta ou uma nova consideração de um tema velho: uma real contribuição para o progresso da ciência.

6.2. Estrutura do Trabalho de Pesquisa

A produção científica passa por diferentes fases durante seu desenvolvimento (Figura 7). São as diferentes metodologias empregadas que orientarão o aluno pesquisador a formular e desenvolver o objeto da sua pesquisa. O aluno pesquisador deve delimitar a sua pesquisa de forma a particularizá-la com base nos pressupostos científicos de acordo com a temática específica.

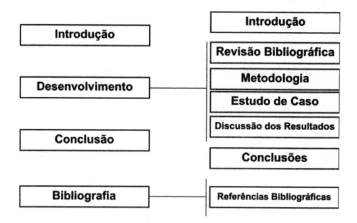

Figura 7 – Exemplo de estrutura para trabalhos monográficos

Quanto à estrutura física do trabalho de pesquisa, adota-se um modelo baseado na norma ABNT NBR 14724. Segundo esse modelo, o relatório de pesquisa (dissertação ou tese) deverá conter:

- **Elementos Pré-Textuais**
    - Capa (obrigatório)
    - Folha de rosto (obrigatório)
    - Errata (opcional)
    - Folha de aprovação (obrigatório)
    - Dedicatória (opcional)
    - Agradecimentos (opcional)
    - Epígrafe (opcional)
    - Resumo e Abstract (obrigatório)

- Sumário (obrigatório)
- Listas de ilustrações, abreviaturas e siglas, símbolos (opcional)

- **Elementos Textuais (obrigatórios)**

  - Introdução
  - Revisão de Literatura
  - Metodologia
  - Resultados (Análise e Discussão)
  - Conclusão

- **Elementos Complementares e Pós-Textuais**

  - Referências (obrigatório)
  - Apêndice (opcional)
  - Anexo. (opcional)
  - Glossário (opcional)

6.2.1. Elementos Textuais

Quanto à organização dos elementos textuais (texto propriamente dito) da pesquisa, não existe uma única maneira de realizá-la, seja o texto uma tese ou uma dissertação. Há nomenclaturas que diferem de autor para autor, de instituição para instituição. Porém há pontos em comum, que indicam que tais relatórios de pesquisa devem possuir os itens a seguir.

- **Introdução** - Mostra claramente o propósito e o alcance do relatório. Indica as razões da escolha do tema. Apresenta o problema e as hipóteses que conduziram a sua realização. Lista os objetivos da pesquisa;
- **Revisão da Literatura** - Mostra, por meio da compilação crítica e retrospectiva de várias publicações, o estágio de desenvolvimento do tema da pesquisa (AZEVEDO, 1998) e estabelece um referencial teórico para dar suporte ao desenvolvimento o trabalho;
- **Metodologia (ou Procedimentos Metodológicos ou Materiais e Métodos)** – Deve fornecer o detalhamento da pesquisa. Caso o leitor queira reproduzir a pesquisa, ele terá como seguir os passos adota-

dos. Esclarece os caminhos que foram percorridos para chegar aos objetivos propostos e apresenta todas as especificações técnicas materiais e dos equipamentos empregados. Deve indicar como foi selecionada a amostra e o percentual em relação à população estudada e apontar os instrumentos de pesquisa utilizados (questionário, entrevista, etc.), mostrando ainda como os dados foram tratados e como foram analisados;

• **Resultados (análise e discussão)** - Descrevem analiticamente os dados levantados, por uma exposição sobre o que foi observado e desenvolvido na pesquisa. A descrição pode ter o apoio de recursos estatísticos, tabelas e gráficos, elaborados no decorrer da tabulação dos dados. Na análise e discussão, os resultados estabelecem as relações entre os dados obtidos, o problema da pesquisa e o embasamento teórico dado na revisão da literatura. Os resultados podem estar divididos por tópicos com títulos logicamente formulados;

• **Conclusão** - Apresenta a síntese interpretativa dos principais argumentos usados, onde será mostrado se os objetivos foram atingidos e se a(s) hipótese(s) foi(foram) confirmada(s) ou rejeitada(s). Deve constar da conclusão uma recapitulação sintetizada dos capítulos e a autocrítica, onde você fará um balanço dos resultados obtidos pela pesquisa.

6.2.2. Elementos Pós-textuais

• **Referências** - Apresentar a bibliografia citada é obrigatório, pois todo o trabalho científico é fundamentado em uma pesquisa bibliográfica. Todas as publicações utilizadas no decorrer do texto deverão estar listadas de acordo com as normas da ABNT para referências (NBR 6023). Se necessário, as referências poderão ser organizadas por grau de autoridade (obras citadas, consultadas e indicadas).

• **Apêndice** - Aparece no final do trabalho (opcional). Apêndice, segundo a ABNT (NBR14724:2001) consiste em um texto ou documento elaborado pelo próprio autor, a fim de complementar sua argumentação, sem prejuízo da unidade nuclear do trabalho. Os apêndices são identificados por letras maiúsculas consecutivas, travessão e pelos respectivos títulos;

• **Anexo** - Aparece no final do trabalho (opcional). Anexo, segundo a ABNT (NBR14724:2001), consiste em um texto ou documento, não elaborado pelo autor, que serve de fundamentação, comprovação e ilustração. Os anexos são identificados por letras maiúsculas consecutivas, travessão e pelos respectivos títulos;
• **Glossário** - Nem sempre usual nas dissertações e teses, consiste em uma lista de palavras ou expressões técnicas que precisam ser definidas para o entendimento do texto.

6.3. Estrutura da Dissertação e da Tese

A Dissertação e a Tese são tipos de composição nas quais expomos ideias gerais, seguidas da apresentação de argumentos que as comprovem. Assim, assumem um caráter totalmente diferenciado, na medida em que não abordam pessoas ou fatos específicos, mas analisam temas que são abordados de modo impessoal.

A Dissertação é uma exposição escrita ou oral de um tema, desenvolvida a partir de um conteúdo específico das disciplinas envolvidas. Já a Tese é um trabalho científico original que apresenta uma reflexão mais profunda sobre um tema inédito e que apresenta como resultado final uma nova contribuição para a área de conhecimento estudada.

A Dissertação ou a Tese é, em geral, dividida em três partes principais: Preliminar, Corpo e Apêndice, cada qual compreendendo os seguintes pontos:

• **Preliminar:**

• Capa: nome do autor, título da dissertação/tese, curso, local, ano;
• Folha de rosto: nome do autor, título da dissertação/tese, banca examinadora, data da defesa;
• Folha iii: local de realização do trabalho, nome do orientador, Instituição à qual o orientador está vinculado;
• Ficha catalográfica: nome do autor, título da dissertação/tese, número de páginas (em algarismos romanos e arábicos), especificação do grau do curso, palavras-chave, informações finais;

- **Dedicatória (opcional)**;
  - Agradecimentos (opcional)
  - Resumo em Português: não deve exceder 900 caracteres (aproximadamente 150 palavras em 15 linhas);
  - Resumo em língua estrangeira: não deve exceder 900 caracteres (aproximadamente 150 palavras em 15 linhas). Deve conter o título da dissertação/tese em outra língua, normalmente o inglês;
  - Sumário ou índice;
  - Índice das figuras, tabelas, quadros etc.

- **Corpo Principal:**

Cada capítulo do Corpo Principal da dissertação/tese deve ser iniciado em página à parte:

- Introdução;
- Revisão da Literatura;
- Material e Métodos;
- Resultados;
- Discussão;
- Conclusões;
- Referências Bibliográficas.

- **Apêndice:**

Pode incluir:

- Tabelas, quadros e figuras não incluídas no texto;
- Índice remissivo;
- Glossário;
- Outros anexos.

6.4. Monografia

A origem histórica da palavra "monografia" vem da especificação, ou seja, a redução da abordagem a um só assunto, a um só problema. Seu sentido etimológico significa: mónos (um só) e graphein (escrever): dissertação a respeito de um assunto único.

A monografia é a elaboração de um trabalho acadêmico, com a supervisão de um orientador, que tem como objetivo a reflexão sobre um tema ou problema específico e que resulta de um processo de investigação sistemática. Ela implica na utilização de métodos científicos que possibilitem a análise, a crítica, a reflexão e o aprofundamento por parte do pesquisador sobre o tema abordado.

A monografia tem dois sentidos: O Estrito, que se identifica com a dissertação, pelo tratamento escrito de um tema específico que resulte de pesquisa científica com o escopo de apresentar uma contribuição relevante ou original e pessoal à ciência. E o Lato, que identifica com todo trabalho científico inédito, que resulte de pesquisa: dissertações científicas, de mestrado, memórias científicas, os college papers das universidades americanas, os informes científicos ou técnicos e obviamente a própria monografia no sentido acadêmico, ou seja, o tratamento escrito aprofundado de um só assunto, de maneira descritiva e analítica, onde a reflexão é a tônica (está entre o ensaio e a tese e nem sempre se origina de outro tipo de pesquisa que não seja a bibliografia e a de documentação).

As monografias de final de curso, conhecidas como TCC – Trabalhos de Conclusão de Curso, realizadas ao final dos cursos de graduação ou as exigidas para a obtenção de créditos em disciplinas diferem das dissertações de mestrado e teses de doutorado quanto ao nível de investigação. Destas últimas é exigido um maior grau de aprofundamento teórico, um tratamento metodológico mais rigoroso e um enfoque original do problema, dando ao tema uma abordagem e interpretação novas, tanto no aspecto teórico quanto no metodológico.

6.4.1. Estrutura da Monografia

A monografia preza pelo desenvolvimento do trabalho escrito, com a sistematização científica e a completude da pesquisa teórica realizada pelo aluno pesquisador com a supervisão do professor orientador. É um trabalho escrito e como tal podemos utilizar recursos para facilitar a tarefa de redigir:

- **Redação Provisória:** fazer primeiramente um esboço, rascunho, planejamento do texto;
- **Redação Definitiva:** Consta das três partes básicas da construção da monografia: Introdução, Desenvolvimento e Conclusão;

- **Estrutura Material:** a monografia deve agradar ao público a que se destina, bem como obedecer às normas técnicas vigentes;
- **Linguagem Científica:** existe a tendência em se descuidar da linguagem quando se redige um trabalho científico. Deve-se atentar para uma correção gramatical e exposição clara e objetiva condizente com a redação científica.

O tema da monografia deve ser exaustivamente desenvolvido de forma a estender-se até o esgotamento das possibilidades. A sua característica essencial não é o tamanho e a extensão e quantidade de folhas. A importância da pesquisa é a qualidade da sua execução a forma como são expostos os referenciais teóricos, bem concatenados com os objetivos da pesquisa.

A monografia cumpre com as atividades científicas com base nas normas de método científico, com base na constituição da ciência de forma original e específica, de forma a contribuir para a ciência. O trabalho monográfico deve apresentar como característica principal a originalidade, uma vez que é possível aceitar o trabalho criativo do aluno pesquisador e novidade, sujeita a contínuas revisões.

No projeto de monografia devem constar os seguintes itens:

- Folha de rosto com dados gerais de identificação do autor;
- Tempo de Compromisso do orientador;
- Capítulo introdutório com a caracterização do problema a ser investigado, os objetivos claramente definidos, a delimitação do estudo e a definição de termos, além de uma revisão preliminar da literatura;
- Detalhamento da metodologia a ser utilizada;
- Cronograma;
- Lista de referências.

CAPÍTULO 7

7. Trabalho de Conclusão de Curso

Entende-se por Trabalho de Conclusão de Curso - TCC, o trabalho científico correlacionado com uma área do saber, levando em consideração as suas habilitações, composto por um projeto no qual o formando demonstrará a sua competência para desenvolver pesquisa, aplicar metodologia apropriada, identificar variáveis e correlacioná-las e, ao final de um período de tempo determinado, elaborar o texto de conclusão da pesquisa, a ser apresentado em forma de artigo científico.

7.1. Alcance do Trabalho de Conclusão de Curso

O Trabalho de Conclusão de Curso é uma proposta que tem como objetivo o desenvolvimento de atividades que deverão acontecer intra e extra-classe, promovendo a integração entre os conhecimentos das diversas disciplinas, unindo a teoria e a prática, além de introduzir o formando à linguagem científica. Trata-se de uma atividade obrigatória, constituída por disciplinas / unidades curriculares dos cursos de graduação, tendo a função de organizar os conteúdos obtidos, pelos formandos, no decorrer do curso de graduação, na medida em que estes escolhem temas de pesquisa e desenvolvem reflexões relacionadas com os conhecimentos trabalhados nas disciplinas. Trata-se, pois, de um momento privilegiado de articulação entre teoria e prática em um trabalho de elaboração individual, de caráter acadêmico-científico.
Com o TCC pretende-se preparar o formando não somente para as necessidades do mercado, como também para o aprendizado voltado para a pesquisa, ampliando o seu campo de atuação, sua visão de mundo, possibilitando-lhe adquirir a competência por excelência, que é aprender a aprender. Além disso, o TCC deve dar aos formandos a oportunidade de desenvolver procedimentos metodológicos e de pesquisa que propiciem sistematizar, na prática, as noções teóricas adquiridas. Portanto, consiste em realizar uma pesquisa orientada e propiciar o desenvolvimento da produção científica. O TCC pode ser apresentado em forma de monografia, relatório, artigo científico, projeto experimental, ou outro, de acordo com as especificidades de cada curso.
A apresentação de trabalhos acadêmicos é padronizada pela Associação Brasileira de Normas Técnicas - ABNT, visando controlar a qualidade da

produção científica. Sendo o TCC um produto resultante da atividade de pesquisa e reflexão, deve atender às exigências dessas normas para garantia da validade do seu conteúdo.

O Ministério da Educação e Cultura estabeleceu a obrigatoriedade, para efeito de conclusão do bacharelado ou licenciatura, da apresentação e defesa de uma monografia, diante de banca examinadora, com tema e orientador escolhidos pelo aluno. Essa prática passou a ser obrigatória de acordo com a Portaria n.º 1886, de 30 de dezembro de 1994, do Ministério da Educação. A finalidade do Trabalho de conclusão de Curso, além de demonstrar o aproveitamento do aluno no curso escolhido, é marcar o início das suas atividades de pesquisa, pela comunicação solene de seu primeiro trabalho científico. O tema do TCC poderá ser derivado do conteúdo dos cursos realizados, de assunto de interesse do aluno, objeto de estudos independentes, da revisão de literatura pertinente ao tema, da atualização de teorias ou metodologias empregadas na aquisição de conhecimentos.

Antes de iniciar a pesquisa é recomendável conhecer outros TCC sobre o mesmo assunto para, com base no que foi produzido, demonstrar um novo ponto de vista e avançar a discussão do tema.

O TCC, realizado em consonância com os projetos pedagógicos da Instituição de Ensino Superior, tem por objetivo consolidar o conhecimento acumulado durante o curso, possibilitando ao discente demonstrar, por meio de trabalho científico, sua competência em sistematizar seus conhecimentos teórico-prático por meio de pesquisas em sua área de atuação.

7.2. Objetivos do TCC

O TCC procura alcançar os seguintes objetivos específicos:

• Incentivar e orientar o formando para o desenvolvimento da pesquisa e para a Iniciação Científica;
• Propiciar condições para o formando refletir criticamente sobre os conteúdos teóricos, analisando a relação causa-efeito das variáveis envolvidas na pesquisa, permitindo colocar em evidência os conhecimentos construídos durante o tempo de permanência na escola;
• Identificar um problema, que orientará a pesquisa, propondo a sua sistematização por meio da metodologia adequada;

- Integrar as disciplinas e estabelecer relações com as diversas áreas do saber, a partir de uma fundamentação teórica convergente;
- Estimular a autonomia no formando para que possa empreender, criar e inovar em sua área de atuação;
- Realizar, mediante análises proporcionadas pelas atividades do TCC, revisão das disciplinas necessárias para o desenvolvimento do trabalho;
- Transformar as atividades do TCC em novas oportunidades para estabelecer contatos e intercâmbios com diferentes segmentos da sociedade, durante o processo de pesquisa, ampliando sua rede de relações pessoais e profissionais;

7.3. Qualidades Esperadas no TCC

O TCC é um trabalho cujas atividades requerem várias qualidades de seu autor, que devem ser sempre buscadas ou aprimoradas. Dentre essas atividades, destacam-se:

- **Motivação** - fundamental para tornar a atividade de implementação prazerosa. A motivação é obtida através de objetivos claros que vão ao encontro dos interesses do aluno. Se um determinado tema não desperta interesse, deve ser de logo descartado. A contribuição que o trabalho visa prover é geralmente proporcional à motivação do seu autor. Tecnologias novas e desafiadoras são geralmente fontes de motivação quando abordadas em um TCC;
- **Disponibilidade** - a exigência de um forte empenho à atividade requer alta disponibilidade de tempo. Atividades descontinuadas são fatores desmotivadores e em nada contribuem para uma produção eficiente. Atividades associadas ao TCC devem ser priorizadas;
- **Organização** - a implementação de um TCC envolve vários tipos de atividades, como: redação, pesquisa, implementação. Isso requer uma boa organização dessas atividades para que possam ser estruturadas e realizadas da melhor forma possível. O grau de importância de cada atividade deve ser identificado, assim como a dependência entre elas;
- **Determinação** - estar determinado para a implementação do trabalho talvez deva ser a principal qualidade de aluno. Estando determinado, o aluno estará apto a fazer a atividade sustentável e imune a vários contratempos que haverão de existir;

• **Ousadia** - Ideias ousadas podem ser interessantes, e normalmente são. Ousar é ter coragem para pesquisar áreas novas, desconhecidas, cujo produto da pesquisa terá enorme relevância e despertará interesse de muitos;
• **Criatividade** - da criatividade, surgem trabalhos que escapam do convencional e apresentam algo novo que vá despertar vários interesses. A criatividade pode ser o diferencial entre dois trabalhos que abordam o mesmo tema.

7.4. Roteiro para TCC

De um modo geral, todos os trabalhos de TCC têm a mesma estrutura, composta de três partes: a introdução, o desenvolvimento e a conclusão. Antes da introdução e depois da conclusão existem as partes que devem ser colocadas na montagem final de qualquer trabalho escrito. Todo trabalho científico exige do autor poder de análise, reflexão e síntese.
O roteiro de atividades sugerido para a elaboração do TCC é o seguinte:

- Escolha do tema;
- Projeto de Pesquisa;
- Busca do orientador;
- Estabelecimento do calendário de encontros com o orientador;
- Elaboração de relatórios parciais e redação parcial;
- Elaboração do texto final;
- Entrega do TCC para avaliação;
- Escolha da banca examinadora;
- Elaboração do artigo do TCC para publicação;
- Apresentação oral para a banca examinadora.

7.4.1. Escolha do Tema e Planejamento da Redação

Na escolha do tema e no planejamento da redação é importante lembrar que o leitor não conhece o trabalho, então é necessário situá-lo pensando no que ele deve ter de informação no início do trabalho para entender o restante. É importante situar o contexto mais amplo no qual o trabalho foi realizado, bem como informações sobre a pesquisa, atualidade do tema etc.

A seção introdutória do trabalho deve prestar esclarecimentos técnicos, apresentar conceitos, desenvolver teorias etc., que sejam pertinentes e que permitam um amplo entendimento do conteúdo do projeto de pesquisa. Por esse motivo, os trabalhos científicos exigem um planejamento da redação preciso e detalhado. O texto deve ser conciso, abrangente, não repetitivo, organizado, claro e corretamente redigido, com justificativas em todas as tomadas de decisão, comentários e conclusões cabíveis em cada etapa do trabalho.
Antes de elaborar um plano de redação para qualquer trabalho científico sugere-se cumprir as seguintes etapas:

- Delimitar o assunto com clareza, apresentando objetivos claramente definidos;
- Organizar as ideias, obedecendo a uma sequência lógica, destacando os principais aspectos, tendo em mente sempre os objetivos e a unidade do texto;
- Encontrar argumentos convincentes para o desenvolvimento do texto, ordená-los e classificá-los por ordem de importância;
- Concluir com base no desenvolvimento: a conclusão deve expor uma síntese das ideias principais ou da argumentação.
- Correção gramatical é outro requisito fundamental na apresentação escrita de qualquer trabalho científico. Todo cuidado é pouco no uso do vocabulário, na concordância gramatical etc.

A linguagem do trabalho científico deve ser objetiva e denotativa, isto é, cada palavra deve apresentar seu sentido próprio, dispensando-se o uso de metáforas ou palavras de sentido figurado, que podem dar margem a interpretações diversas ou ambiguidades.
A linguagem científica é fundamentalmente informativa, técnica, racional, portanto, prescinde de figuras de retórica, frases de efeito ou vocabulário rebuscado. Os termos técnicos e expressões estrangeiras só devem ser empregados se indispensáveis. Naturalmente, cada indivíduo tem seu vocabulário próprio e cada área de conhecimento tem sua terminologia. O bom senso manda que só se empreguem na redação do trabalho os termos específicos indispensáveis e as palavras de conhecimento do autor, que façam parte do seu vocabulário usual. Aconselha-se o uso de frases curtas e claras, na ordem direta, com vocabulário adequado.

Uma das características da linguagem científica é o emprego da 3ª pessoa, com emprego do pronome impessoal "se" (fez-se, buscou-se, procedeu-se etc.). outro recurso que contribui para a objetividade do estilo é o uso dos verbos nas formas impessoais ("o procedimento adotado" ou "adotou-se o procedimento", por exemplo).
Expressões como "o meu trabalho", "a minha pesquisa", "eu acho", entre outras, devem ser evitadas. Preferencialmente emprega-se "neste trabalho" ou "este trabalho"; "a pesquisa em que se baseia este trabalho" etc. Embora seja metodologicamente aceito o emprego da 1ª pessoa do plural, mesmo para autor único, esse procedimento é desaconselhado: além de soar meio antiquado, dificulta a concordância, causando certa ambiguidade com relação á existência de um único autor.
A preocupação principal deve ser a objetividade, seguida da clareza e precisão, concisão, exatidão nos conceitos, linguagem simples e gramaticalmente correta.

7.4.2. Técnicas de Citações

As finalidades das citações são exemplificar, esclarecer, confirmar ou documentar a interpretação das ideias apresentadas no texto. Não é finalidade da citação complementar a redação do autor do trabalho científico.

7.4.2.1. Citação Textual

Na citação textual ou direta, faz-se a transcrição fiel do original, respeitando-se, inclusive, eventuais erros de grafia ou concordância. Caso o erro seja muito grave ou primário, o máximo que se permite é a anotação, diante dele, entre parênteses, da expressão latina (sic), que significa, mais ou menos: está assim mesmo, no original.

7.4.2.2. Citação Conceitual

A citação conceitual ou indireta, ou ainda, citação livre, apresenta a paráfrase (um texto que procura tornar mais claro e objetivo aquilo que se disse em outro texto) ou resumo de um trecho de determinada obra. Este tipo de citação é muito usado para evitar transcrições longas ou para extrair do texto apenas as ideias fundamentais.

A norma mais importante referente às citações é não exagerar no tamanho dos trechos, nem no número ao longo do trabalho. Sugere-se que a extensão máxima de um trecho transcrito não exceda 200 palavras.

7.5. Realização do TCC

As Instituições de Ensino Superior normalmente elaboram um regulamento particularizando a aplicação das orientações para o TCC, respeitando as Diretrizes Curriculares específicas do curso e os padrões de qualidade para a avaliação das do ensino ministrado. Além disso, os coordenadores responsáveis pelos cursos devem estabelecer um professor responsável pela coordenação dos trabalhos de pesquisa e que oriente as atividades relacionadas ao TCC, professores orientadores e alunos pesquisadores.

7.5.1. Professor Orientador

O professor orientador é um pesquisador, com titulação superior à do aluno pesquisador, com conhecimentos sobre o tema da pesquisa e com experiência na orientação de trabalhos acadêmicos.

O projeto de TCC deve ser elaborado individualmente, mas pode ser elaborado e apresentado em equipes, sob a orientação de um professor orientador. Deve-se evitar a participação de professores colaboradores, que não tenham conhecimentos sobre as metodologias de pesquisa, como fontes de informação ou qualquer outra forma de participação direta no conteúdo do TCC, a não ser os casos em que esses professores forem especialistas sem pares na sua especialidade.

Uma vez que o aluno pesquisador tenha definido o tema do seu trabalho de conclusão de curso, o passo seguinte é a escolha de um professor orientador, o qual irá acompanhá-lo deste momento até a apresentação para a banca examinadora. O professor orientador pode ser escolhido livremente pelos alunos pesquisadores entre os professores que compõem os grupos e as linhas de pesquisa ou eixos temáticos do curso em que se insere o trabalho científico. O número de vagas para orientação de cada professor vai depender dos padrões de qualidade do curso.

São competências do Professor Orientador:

• Elaborar o plano de pesquisa contemplando todas as etapas de elaboração do TCC, desde a apresentação do plano de trabalho até a entrega do texto final para a banca examinadora;
• Planejar e organizar a realização dos trabalhos científicos pertinentes;
• Orientar, acompanhar e avaliar periodicamente o processo de desenvolvimento dos trabalhos em todas as suas fases;
• Apresentar ao aluno a sistemática geral do Trabalho de Conclusão de Curso;
• Atender os alunos orientandos nas diversas etapas do TCC, de modo a dirimir dúvidas sobre os procedimentos metodológicos;
• Promover a avaliação dos resultados;
• Fazer cumprir o cronograma, as normas e regulamentos;
• Resolver questões referentes à elaboração dos trabalhos;
• Informar o orientando sobre as normas, procedimentos e critérios de avaliação;
• Participar da Banca Examinadora durante a apresentação dos artigos;
• Registrar, em formulário apropriado, todas as informações relativas ao procedimento de defesa do aluno orientando diante da Banca Examinadora;
• Entregar para a coordenação os documentos e registros de encontros com o aluno pesquisador orientando devidamente assinada;
• Zelar para que as sugestões de ajustes feitas pela banca em relação ao trabalho aprovado sejam observadas antes da entrega da versão final que será arquivada.

Além disso, o professor orientador deve apresentar alguns requisitos que o diferencia dos demais professores da IES:

• Tempo disponível para orientação;
• Disposição para orientar mais de um aluno pesquisador;
• Conhecimento sobre o tema da pesquisa;
• Conhecimento da metodologia de pesquisa;
• Conhecimento dos regulamentos do TCC da IES;
• Conhecimento das normas ABNT aplicáveis.

Após aceitar orientar o projeto de pesquisa, o professor orientador assina, juntamente com o formando, o termo de compromisso de acompanhar o desenvolvimento do trabalho até o final. É importante lembrar que o orientador não é co-autor do trabalho. Cabe a ele apoiar e auxiliar o aluno nessa empreitada, seja na pesquisa e no ajuste do projeto em processo, seja sobre eventuais dúvidas que surgirem ao longo do processo, mas não redigir, revisar ou editar o trabalho.

Após a assinatura do Termo de Compromisso do Aluno e do Professor, o professor orientador e o aluno deverão estabelecer, em conjunto, um cronograma de trabalho que contemple todas as fases do projeto, bem como as reuniões necessárias para a discussão e o desenvolvimento das atividades e este cronograma deverá ser encaminhado ao coordenador de TCC.

Como é possível observar, o professor orientador exerce papel fundamental no processo de implementação de um TCC. É, sem dúvida, também responsável pelo sucesso ou fracasso do aluno. O orientador é, antes de mais nada, um parceiro do aluno. O orientador deve sugerir temas e áreas de pesquisa que possam interessar ao aluno.

Geralmente, quando um aluno procura a orientação de algum professor, este já possui em mãos o tema de seu trabalho, sendo este um dos motivos para buscar a orientação de um professor específico, alguém com afinidade e conhecimento sobre o tema escolhido. Nesse caso, cabe ao professor avaliar as pretensões do aluno, tecer críticas e sugestões. Caso o aluno não tenha ainda definido o tema, cabe ao possível orientador, sugerir, incentivar e apoiar algum tema.

É igualmente importante motivar o aluno. O orientador tem que estar constantemente motivando o aluno através de respostas às suas indagações, sugestões, críticas construtivas ou elogios. Alunos esquecidos pelo seu orientador são candidatos a fracassarem. É sempre bom repetir: o fracasso no resultado da pesquisa é de ambos, do orientador e do aluno.

O orientador deve possuir conhecimento sólido sobre o tema do TCC. É importante ressaltar que quem faz o trabalho é o aluno, o orientador orienta. Isso parece óbvio, porém, alguns alunos se equivocam ao pensar que o orientador sendo um especialista no tema de seu trabalho vá ter uma participação que ultrapasse os reais limites de sua alçada. O papel do orientador extrapola a sua função como especialista do assunto. Ele é bem mais que um esclarecedor de dúvidas pertinente ao tema.

O orientador também deve ser rígido no acompanhamento das atividades. Essa rigidez é fundamental para o bom ritmo das atividades, que devem ser consistentes e contínuas. Muitas vezes, a conclusão do trabalho em tempo hábil, dentro dos limites previstos, depende diretamente de um acompanhamento rigoroso. É importante se ter a ideia do compromisso mútuo entre o orientador e o orientando. Pensando assim, é mais fácil haver um comprometimento de ambas as partes na realização do trabalho que um compromisso formal firmado através de um documento. Tanto o orientador quanto o orientando devem sentir-se a vontade para contatar o outro quando necessário. Entretanto, convém salientar que o orientador não é a única pessoa que pode ajudar no trabalho de pesquisa; o aluno pesquisador deve procurar constantemente quem poderá ajudá-lo com questões precisas sobre o tema escolhido.

Atualmente, há vários meios de interação, o que possibilita uma grande disponibilidade de ambas as partes. O e-mail, mensagens instantâneas, salas virtuais, fóruns, são exemplos desses meios de interação, que se tornam ferramentas poderosas no processo de orientação da pesquisa. Comumente, o orientador não está dedicado exclusivamente ao aluno, e nem o aluno dedica todo o seu tempo às atividades associadas ao TCC. Isso ratifica a importância de se estabelecer encontros periódicos cumprindo rigoroso cronograma. A organização e o engajamento de ambas as partes é fundamental nesse processo.

7.5.2. Professor Coordenador

O professor coordenador é o responsável pela organização das atividades ligadas ao TCC e das etapas de avaliação desses trabalhos até a realização da banca examinadora, pela fiscalização e pelo cumprimento do regulamento por parte de alunos e orientadores e pela organização das bancas. O coordenador do TCC presidirá todas as bancas, exceto quando ele próprio for orientador do trabalho apresentado ou quando forem realizadas mais de uma banca no mesmo horário. Neste caso, um outro membro da banca técnica poderá assumir a função. Compete ao coordenador não só presidir a mesa, mas também mediar o debate entre alunos e arguidores, e a deliberação dos arguidores para atribuição da nota.

São competências do professor coordenador do TCC:

- Coordenar a elaboração do regulamento específico do TCC;
- Convocar, sempre que necessário, os professores orientadores para discutir questões relativas à organização, planejamento, desenvolvi-

mento e avaliação das atividades relativas à orientação do Trabalho de Conclusão de Curso;
• Coordenar o processo de constituição das Bancas Examinadoras e definir o cronograma de apresentação de trabalhos a cada semestre letivo;
• Divulgar, por meio de documentos eletrônicos ou afixados em murais da Instituição de Ensino, a listagem dos alunos orientados e a composição da Banca Examinadora;
• Arquivar os documentos referentes ao TCC, na Coordenação do Curso após a entrega pelos professores orientadores;
• Encaminhar à Secretaria, no final do período letivo, as folhas individuais de frequência / nota final.

7.5.3. O Aluno Pesquisador

O aluno pesquisador tem ampla liberdade para explorar o tema e o formato escolhido, experimentar métodos, técnicas e linguagens. Assim, caberá a ele a realização do projeto proposto dentro dos prazos delimitados pelo professor orientador e pela coordenação do TCC.
Para um bom andamento do trabalho, é importante que o cronograma de encontros acertado com o orientador seja cumprido. Todos os encontros entre orientador e orientando deverão ser registrados em formulário próprio, com a assinatura de ambos. Este documento deverá ser utilizado para controle de faltas e de atividades desenvolvidas pelos formandos. É importante notar que o não comparecimento às reuniões agendadas pode ser prejudicial ao acompanhamento do TCC. Em caso de qualquer dúvida ou problemas de relacionamento com o orientador ou grupo, o orientando deverá se reportar ao coordenador do TCC.
Além dos encontros com o orientador, o formando deverá participar, nas datas definidas pelo coordenador de TCC, de seminários relativos aos TCC. Os seminários serão desenvolvidos pelo aluno pesquisador, sob a orientação dos professores do Curso, considerando a escolha das temáticas, bem como as questões fundamentais na efetivação dos respectivos projetos. O aluno pesquisador receberá um calendário com a relação dos temas a serem debatidos nos seminários.
A Qualificação dos projetos, quando for o caso, deverá seguir os critérios contidos no regulamento específico do curso. É dever do orientador avaliar

a viabilidade do projeto sugerido antes que se efetue a inscrição definitiva do trabalho. Após analisar a proposta, o professor convidado tem o direito de aceitar, ou não, ser o orientador do projeto. Caso o aluno não consiga a concordância de um orientador, poderá, ainda assim, fazer a inscrição de seu projeto e requerer o auxílio da coordenação de TCC, solicitando formalmente a indicação de um orientador.

É de responsabilidade do professor orientador o deferimento do encaminhamento, ou não, do Trabalho de Conclusão de Curso para a defesa, mediante um parecer por escrito. A aprovação do Trabalho de Conclusão de Curso deverá estar de acordo com os critérios contidos no regulamento específico de cada curso. Não haverá segunda chamada, salvo para os casos previstos no Regimento.

A entrega do Trabalho de Conclusão de Curso deverá ser feita pessoalmente ao professor orientador, mediante protocolo e a defesa do Trabalho de Conclusão de Curso será diante da Banca Examinadora, composta por 3 membros: o coordenador do TCC, pelo professor orientador do trabalho e por mais um professor convidado. Quando o orientador for o coordenador de TCC, serão convidados outros dois professores para a composição da Banca, sendo necessariamente um deles da Linha de Pesquisa (eixo temático) à qual se integra a monografia.

A data de apresentação dos Trabalhos de Conclusão de Curso será determinada pelo coordenador dessa disciplina em conjunto com o Colegiado do Curso.

São competências do aluno pesquisador:

- Frequentar as aulas de Metodologia da Pesquisa que são ministradas como pré-requisito para a elaboração do TCC;
- Definir a temática do TCC, em conformidade com as linhas de pesquisa estabelecidas;
- Informar-se sobre as normas e regulamentos do TCC, cumprindo-as;
- Discutir com o Professor Orientador a viabilidade de seu Plano de Trabalho;
- Cumprir o plano e cronograma estabelecidos em conjunto com o professor orientador;
- Verificar o horário de orientação e cumpri-lo;
- Rubricar os formulários de controle, por ocasião das sessões de orientação;

• Entregar o Projeto na data divulgada no cronograma elaborado pela Coordenação do TCC e apresentar-se para a sua apresentação, conforme convocação;
• Entregar o número solicitado de cópias impressas e em mídia eletrônica na data afixada no cronograma elaborado pela coordenação do TCC e apresentar-se para a sua defesa, conforme convocação.

7.6. Formato do Projeto de TCC

Todo projeto de TCC pode ser alterado no decorrer do processo. Isto é normal e até positivo, uma vez que revela eventuais descobertas, avanços e o aprofundamento das ideias do aluno.
Seja qual for o trabalho, porém, o projeto do aluno deve ser apresentado formalmente, por escrito e em data definida pela coordenação do TCC, com uma proposta que deve conter os aspectos relacionados a seguir:

• **Título:** Título provisório da publicação. Deve conter também uma indicação da intenção, ou meta, do trabalho proposto;
• **Nome(s) do(s) aluno(s):** Indica o autor(es) da proposta e o período em que estuda(m) na Instituição;
• **Orientador:** Indica o professor convidado para a orientação do projeto experimental. São orientadores os professores escolhidos pelos próprios alunos. Além dos orientadores, que têm a responsabilidade oficial de acompanhar o desenvolvimento dos trabalhos e qualificá-los ou não para a apresentação final diante da banca de avaliação, todos os alunos podem recorrer à assessoria de outros professores da casa e/ou de profissionais em atuação no mercado, com a devida anuência do orientador;
• **Objetivos geral e específicos:** São delineados os objetivos que o trabalho visa atingir, relacionados com a contribuição que pretende trazer. O objetivo geral deve deixar claro onde o projeto quer chegar e quais são suas principais metas, se houver mais de uma. Os objetivos específicos são aqueles decorrentes da proposição inicial, mais detalhados;
• **Referencial teórico:** O referencial pode conter títulos variados, criativos, mas deve apresentar os aportes importantes da teoria que embasa o projeto de pesquisa. Esse referencial deve ser elaborado a

partir do que foi estudado durante o curso, apoiado em livros, textos, artigos impressos ou digitais que tratem desse tema. Para a produção do referencial é importante relacionar o que dizem os autores, com o que está sendo observado e analisado no desenrolar do trabalho.

• **Justificativa:** Qual é a relevância e originalidade do tema (ou do enfoque) e por que o projeto deve ser realizado? Estas questões devem ser respondidas neste item com argumentos que sustentem a escolha do trabalho. O aluno expõe como chegou à ideia do projeto e porque acredita em sua importância – seja por indicadores e referências de mercado, pelo ineditismo ou pela experimentação. De forma clara e objetiva, são apresentadas as justificativas do trabalho, sobretudo as de relevância social e/ou cultural do projeto no que diz respeito à comunicação;

• **Delimitação do assunto:** Caracteriza de maneira geral o conteúdo que se vai apresentar e estudar. Pode-se aproveitar aqui as referências bibliográficas, entrevistas ou outras fontes de pesquisa importantes para a contextualização do assunto. O aluno expõe aqui como chegou ao tema, descrevendo os motivos mais relevantes que o levaram à gênese do problema, e prevê a abordagem que dará ao assunto, já demonstrando um domínio inicial de contextualização mínima do entorno do objeto de pesquisa;

• **Procedimentos metodológicos e técnicos:** Anota os métodos e técnicas que serão adotados para chegar à criação do projeto proposto. Ou seja, em que o aluno pretende se basear para criar a publicação: pesquisa em arquivos, entrevistas e estudos de indicadores, por exemplo;

• **Cronograma de desenvolvimento:** Traça um calendário das etapas de trabalho, desde os estudos para o ajuste do projeto editorial até a criação ou sequência de capítulos etc.;

• **Bibliografia:** Lista obras de referência e textos fundamentais em que o autor se baseou para formular sua proposta de trabalho, além dos títulos indicados pelo professor orientador. Esta bibliografia, evidentemente, não esgota todas as fontes que surgirão ao longo da pesquisa, mas desenha um parâmetro de suporte inicial. A norma a ser utilizada é da ABNT. NBR 6023.

7.7. Avaliação e Defesa

O caráter geral da avaliação do TCC consiste em julgar a capacidade do pesquisador em propor ou formular um problema relativamente a um tema escolhido. O trabalho deve evidenciar a capacidade de reflexão e de análise sobre o tema, em estreita articulação com o conteúdo ministrado.
Para os fins de avaliação e defesa do TCC devem ser considerados os seguintes critérios:

- Capacidade de reflexão;
- Levantamento bibliográfico;
- Descrição e análise de acordo com referencial teórico e metodológico determinado;
- Capacidade de expressão escrita na língua vernácula;
- Observância das normas de trabalho científico.

A defesa de um TCC é o ponto alto do processo, caracterizando-se no momento no qual convergem todos os esforços de pesquisa realizados. É um momento aguardado com expectativa e muitas vezes com temor. Entretanto, esse temor não tem fundamento. Alguns motivos para não temer a defesa do trabalho:

- Ninguém conhece o trabalho melhor do que o seu autor: Não haverá pergunta sem resposta. Crítica sem argumentação;
- A banca examinadora rapidamente reconhece bons trabalhos: É fácil perceber quanto de esforço foi desprendido no trabalho;
- Um aluno é submetido à banca porque tem condição de defender: Normalmente orientadores não submetem seus orientandos para defender trabalhos ruins;
- O papel da banca examinadora é criticar: Críticas devem ser aceitas com naturalidade. Cabe à banca ser rigorosa e criteriosa com o trabalho. A maioria das colocações é algo construtivo que visa tão somente a melhoria do trabalho.

7.8. Funcionamento da Banca Examinadora

Na apresentação, cada aluno ou grupo de alunos tem, em média, 20 minutos para apresentar seu trabalho à banca, priorizando questões de ordem metodológica e evitando informações redundantes. Consecutivamente, os membros da banca têm cerca de 10 minutos para fazerem sua arguição. Reservam-se ainda 10 minutos finais para eventuais réplicas e tréplicas por parte de alunos e arguidores. Com vista a uma eficiente utilização do tempo, cada apresentação não deve ter duração superior a 45 minutos.

Cada banca deverá contar, necessariamente, com um professor da Instituição e com pelo menos um profissional ou acadêmico de reconhecida autoridade na área e/ou tema do projeto. Os nomes dos participantes da banca serão estabelecidos de comum acordo entre alunos e orientador e submetidos à aprovação da coordenação de TCC. O critério de aprovação desses nomes seguirá o regulamento e princípios éticos que evitem conflitos de interesse.

Cabe ao aluno convidar os membros da banca, com auxílio de seu orientador, e encaminhar aos convidados as cópias do trabalho que será avaliado. Cada banca examinadora será presidida pelo coordenador de projetos experimentais. No caso de o coordenador ser orientador do trabalho avaliado, ou quando forem realizadas mais de uma banca no mesmo horário, um outro membro da banca técnica assumirá a presidência.

Cabe ao presidente da banca orientar os examinadores sobre os critérios de avaliação, mediar o debate entre alunos e arguidores e a deliberação dos arguidores para atribuição da nota, assegurando o cumprimento das demais normas estabelecidas por este regulamento e as boas condições da apresentação e das arguições. Sempre que julgar necessário, poderá expor sua opinião sobre a qualidade do projeto, no compromisso de zelar pelo equilíbrio, equanimidade e coerência das avaliações.

Após o exame prévio dos Trabalhos de Conclusão de Curso, bem como após a defesa, a Banca Examinadora poderá devolver o TCC ao aluno para que se façam correções ou para que sejam adicionadas informações complementares. O professor orientador normalmente é o responsável pelo cumprimento das eventuais exigências e prazos de atendimento.

7.9. Defesa do Artigo Científico

Artigos são trabalhos de caráter técnico-científico, com o objetivo de divulgar a síntese analítica de estudos e pesquisas e seus resultados. Podem ser artigos originais, quando abordam assuntos inéditos; artigos de revisão, quando abordam, analisam e resumem assuntos já publicados.

Para que haja reconhecimento do padrão científico, devem ser publicados em periódicos especializados e seguir determinados critérios editoriais, específicos para cada publicação. Entretanto, muitas vezes os artigos são recebidos de forma passiva e não reflexiva sobre o seu conteúdo. A principal razão é a falta de capacidade de analisar e interpretar as informações de uma publicação científica.

7.9.1. A Questão da Qualidade

A definição da palavra "qualidade" nas publicações que avaliam o nível dos artigos originais é aparentemente discordante. A ideia é a mesma, porém as palavras utilizadas são diferentes. Esta situação causa alguma dificuldade no entendimento deste termo.

Apesar da definição da palavra qualidade não ser fácil, é fácil entender que a avaliação da qualidade de uma publicação envolve ao menos três aspectos:

- Validade interna (que pode ser chamada apenas de validade);
- Validade externa (que pode ser chamada de aplicabilidade);
- Análise estatística (que pode ser chamada de importância).

É necessário que se tenha a exata noção de que as informações que serão publicadas nas revistas científicas devem ser de boa qualidade.

7.9.2. Qual Pesquisa Gerou a Informação?

O primeiro passo a ser realizado quando estamos diante de uma informação é formular a pergunta: qual foi a pesquisa que gerou a informação? Fazendo isso estamos tendo uma postura crítica e reflexiva sobre a informação que nos está sendo oferecida. Iremos determinar de onde veio esta informação. As respostas para a pergunta podem ser duas:

- A informação fornecida foi baseada em uma pesquisa. Com esta resposta necessitamos avaliar a qualidade desta pesquisa para determinar se é valida, se é importante e se é aplicável;
- A informação fornecida foi baseada em uma opinião pessoal e não existe nenhuma pesquisa de boa qualidade que fundamente a informação apresentada.

A única razão para saber se existe uma pesquisa de boa qualidade que gerou a informação é que este tipo de informação tem menor probabilidade de estar errada do que aquela gerada pela opinião pessoal. No entanto, isso não quer dizer que temos que usar apenas, informações baseadas em pesquisa de boa qualidade, quer dizer apenas, que o pontapé inicial deve ser dado por informações baseadas em pesquisas de boa qualidade e quando ela não existir, a opinião pessoal (experiência) passa a direcionar a decisão.

7.9.3. Avaliação da Qualidade da Informação

Existem duas situações básicas onde é importante dominar um método de avaliação da qualidade da informação:

1. Quando tenho em mãos um artigo para avaliar. Este artigo pode ter chegado em minhas mãos por uma série de caminhos, (i) eu estou lendo uma revista e o título do artigo desperta meu interesse, (ii) irei apresentar este artigo durante uma sessão de artigos de revista, (iii) alguém me pede para dar uma opinião sobre um artigo específico;
2. Quando tenho uma questão técnica a ser respondida. Isto significa que necessito de informações para tomar uma decisão técnica que pode ser para uma pessoa física ou para uma pessoa jurídica.

Após ter o artigo original nas mãos, o próximo passo é determinar qual a categoria da pesquisa. Isso será realizado com a leitura do título do artigo, seguido da pergunta da pesquisa, do objetivo e da hipótese. Só assim, teremos possibilidade de determinar qual a categoria da pesquisa.

Uma vez determinado a categoria é importante observar o tipo de estudo utilizado para termos uma avaliação prévia do grau de confiança que podemos ter nos seus resultados.

7.9.4. As Habilidades e Conhecimentos

O sucesso do pesquisador está vinculado, cada vez mais, a sua capacidade de captar recursos, enredar pessoas para trabalhar em sua equipe e fazer alianças que proporcionem a tecnologia e os equipamentos necessários para o desenvolvimento da pesquisa. Quanto maior for o seu prestígio e reconhecimento, obtido pelas suas publicações, maior será o seu poder de persuasão e sedução no processo de fazer aliados.

Quando se tem um artigo em mãos, o processo de avaliação da qualidade da informação é simplificado porque não é preciso elaborar uma pergunta técnica, não é necessário ter a habilidade, os conhecimentos e os recursos para fazer a busca de informações (identificação e seleção dos estudos), a síntese das informações e a resolução do cenário do texto. Necessita-se apenas dos conhecimentos, das habilidades que são necessários para realizar a avaliação da qualidade da informação:

- Conhecer a hierarquia de qualidade dos estudos de acordo com o cenário apresentado;
- Conhecer as vantagens e as desvantagens de cada tipo de estudo;
- Conhecer como é planejado, executado e divulgado cada tipo de estudo.

As habilidades envolvem identificar no artigo original:

- A pergunta de pesquisa, e se não estiver explícita deduzir qual foi a pergunta de pesquisa;
- A hipótese e o objetivo;
- O tipo de estudo e sua descrição;
- A amostra (critérios de inclusão, exclusão e amostragem);
- Os procedimentos (intervenções, teste diagnóstico ou exposição, se houver);
- As variáveis analisadas;
- O método estatístico (cálculo da amostra e análise estatística);
- As características da amostra no início do estudo;
- Os desvios da pesquisa;
- Os resultados obtidos;

• As conclusões;
• Se cada um os itens descritos são adequados para responder a pergunta de pesquisa.

7.9.5. Avaliação Crítica da Literatura

Os passos para a realização da avaliação crítica da literatura são resumidos no Quadro 3. Um aspecto importante é o tempo de apresentação que deve ser fixado em 10 minutos, ficando o tempo restante dedicado à discussão, quando deve ser enfatizadas a validade, a importância e a aplicabilidade dos resultados da pesquisa.

1. Identificação e Seleção dos Estudos
2. Leitura Crítica e Avaliação da qualidade
3. Resumo do Artigo
4. Apresentação
5. Perguntas
6. Síntese

Quadro 3 – Passos para a avaliação crítica da literatura

7.9.5.1. Identificação e Seleção das Fontes de Pesquisa

Os caminhos para identificar e selecionar as fontes para o trabalho de pesquisa são ao menos três: 1) solicitar a alguém; este é o caminho mais fácil e rápido, pois pode existir uma questão, discutida recentemente, que o artigo possa vir a colaborar; 2) verificando a lista de referências de outro artigo apresentado ou de um livro, ou mesmo, nas revistas em exposição na biblioteca; 3) usar uma base de dados bibliográfica (este é o mais elaborado e necessita que o usuário possua a habilidade de fazer uma busca bibliográfica em bases de dados eletrônicas).
De posse dos artigos identificados, uma leitura do resumo, para analisar o objetivo, o tipo de estudo e os participantes utilizados são suficientes para selecionar alguns artigos que devem ser obtidos na íntegra e após uma

verificação dos critérios de avaliação crítica decidir qual deve ser utilizada na sessão.

7.9.5.2. Leitura Crítica

A leitura crítica tem como objetivo a avaliação da qualidade do texto. Compreende três itens: validade, importância e aplicabilidade. Inicia-se pela classificação do artigo em uma determinada categoria. Em seguida, deve ser analisado se o estudo responde às questões sobre validade. Só quando todas as questões sobre validade são respondidas é que se inicia a determinação da importância, com o cálculo dos resultados do estudo a partir dos dados oferecidos. A aplicabilidade é o último item a ser discutido, gerando-se a discussão de cenários para particularizar a evidência.

7.9.5.3. Resumo do Artigo

O resumo deve conter os itens necessários para que os leitores do artigo possam fazer uma avaliação da validade, importância e aplicabilidade. A extensão de cada um dos itens deve ser mediada pelo bom senso. O resumo, impresso numa transparência, possivelmente, é o meio mais prático para a apresentação.

7.9.5.4. Apresentação do TCC

O princípio a ser utilizado na apresentação é de que os ouvintes querem conhecer apenas a "parte nobre" do artigo. Uma boa norma é iniciar pelo problema que gerou a realização da pesquisa (relevância da pesquisa), que deve ser realizada verbalmente, com a apresentação do título, autores e imprenta (termo usado para designar lugar de publicação de uma obra, casa editora e data da publicação) do artigo.

As transparências com os itens do resumo estruturado servem como roteiro, oralmente são explicados os detalhes importantes para o entendimento de cada item. O número de transparências a serem utilizados vai depender da extensão do artigo a ser apresentado. Apresente um item de cada vez, para que os ouvintes fiquem com a atenção voltada apenas para o item que esta sendo apresentado. Cubra a transparência e vá expondo item por item. No item dos resultados, além do organograma é fundamental a apresentação

dos resultados com valores absolutos e relativos, valores exatos e, sempre que possível, os intervalos de confiança de 95% para cada ponto estimado.
Após a apresentação não é necessário discutir os resultados, apresente as conclusões do estudo. A conclusão é um item por sua importância que merece destaque, copie a conclusão exatamente como foi publicado no artigo, e apresente na transparência. As informações da discussão serão apresentadas verbalmente quando surgir perguntas dos ouvintes. Não use transparências para as informações da discussão. Uma vantagem da transparência é manter a sala iluminada e possibilitar uma nova visualização de qualquer das transparências com grande agilidade.
Caso sejam utilizados programas de computador com o projeção multimídia, pode-se usar o recurso de numeração dos slides, isso facilita a identificação do slide para o momento da discussão. Use também o princípio de colocar cada um dos itens em um slide. O número de slides é variável, use o número que for necessário para passar a informação do artigo da forma mais compreensível possível.

7.9.5.5. Perguntas

É o momento em que a banca examinadora faz questionamentos sobre os diversos itens do artigo. Nesta ocasião é que as fontes de informações que motivaram a elaboração do artigo devem vir à tona.

7.9.5.6. Síntese

Também conhecida como resumo informativo, a síntese é o tradicional resumo solicitado nas diferentes modalidades de trabalhos de pesquisa. É a condensação da obra e, normalmente é redigida por outra pessoa que não o autor da obra resumida.
É desejável que para finalizar a sessão, uma pessoa faça a síntese final do artigo, enfatizando a relevância da pergunta, como foi respondida (forças e fraquezas), o impacto dos resultados, e qual a lição final a ser retirada do artigo. Esta lição vai variar de estudo para estudo, e de grupo para grupo, algumas vezes pode ser uma lição para a prática ou mesmo uma lição sobre um aspecto metodológico. A pessoa responsável por isso deve ser o coordenador da sessão de avaliação crítica, que deve ser uma pessoa que conhece os detalhes da avaliação crítica dos diversos tipos de estudo.

REFERÊNCIAS BIBLIOGRÁFICAS

ANDRADE, Maria Margarida de. **Como preparar trabalhos para cursos de pós-graduação:** noções práticas.
São Paulo: Atlas, 1995.

ASSOCIAÇÃO BRASILEIRA DE NORMAS TÉCNICAS. **NBR10520:** informação e documentação – apresentação de citações em documentos.
Rio de Janeiro, 2001.

_____ **NBR12225:** títulos de lombada.
Rio de Janeiro, 1992.

_____ **NBR14724:** informação e documentação – trabalhos acadêmicos - apresentação.
Rio de Janeiro, 2001.

_____ **NBR6022:** apresentação de artigos em publicações periódicas.
Rio de Janeiro, 1994.

_____ **NBR6023:** informação e documentação – referências - elaboração.
Rio de Janeiro, 2000.

_____ **NBR6024:** numeração progressiva das seções de um documento.
Rio de Janeiro, 1989.

_____ **NBR6027:** sumário.
Rio de Janeiro, 1989.

_____ **NBR6028:** resumos.
Rio de Janeiro, 1990.

_____ **NBR6029:** apresentação de livros.
Rio de Janeiro, 1993.

AZEVEDO, Israel Belo de. **O prazer da produção científica:** diretrizes para a elaboração de trabalhos acadêmicos.
Piracicaba: Ed. da UNIMEP, 1998.

BARBETTA, Pedro Alberto. **Estatística aplicada às ciências sociais.**
Florianópolis: Ed. da UFSC, 1999.

BARROS, Aidil de Jesus Paes de; LEHFELD, Neide Aparecida de Souza. **Projeto de pesquisa:** propostas metodológicas.
Petrópolis: Vozes, 1999.

BRAD, Hill. **Pesquisa na internet.**
Rio de Janeiro: Campus, 1999.

DEMO, Pedro. **Avaliação qualitativa.**
São Paulo: Cortez, 1991.

DEMO, Pedro. **Pesquisa e construção de conhecimento.**
Rio de Janeiro: Tempo Brasileiro, 1996.

FEYERABEND, Paul. **Contra o método.**
Rio de Janeiro: Francisco Alves, 1989.

GEWANDSZNAJDER, Fernando. **O que é o método científico.**
São Paulo: Pioneira, 1989.

GIL, Antonio Carlos. **Como elaborar projetos de pesquisa.**
São Paulo: Atlas, 2002.

GIL, Antonio Carlos. **Métodos e técnicas de pesquisa social.**
São Paulo: Atlas, 1999.

GOLDENBERG, Mirian. **A arte de pesquisar.** Rio de Janeiro:
Record, 1999.

JAPIASSU, Hilton F. **Epistemologia: O mito da neutralidade científica.**
Rio de Janeiro, Imago, 1975.

LAKATOS, Eva Maria; MARCONI, Marina de Andrade. **Fundamentos de metodologia científica.**
São Paulo: Atlas, 1993.

LAKATOS, Eva Maria; MARCONI, Marina de Andrade. **Metodologia do trabalho científico.**
São Paulo: Atlas, 1991.

LUNA, Sergio Vasconcelos de. **Planejamento de pesquisa:** uma introdução.
São Paulo: EDUC, 1997.

MARTINS, Gilberto de Andrade. **Manual para elaboração de monografias e dissertações.**
São Paulo: Atlas, 1994.

MARTINS Jr., Joaquim. **Como escrever trabalhos de conclusão de curso.**
Petrópolis: Vozes, 2008.

OLIVEIRA, Silvio Luiz. **Tratado de metodologia científica.**
São Paulo: Pioneira, 1997.

POPPER, Karl. **A lógica da pesquisa científica.**
São Paulo: Cultrix, 1993.

RUDIO, Franz Victor. **Introdução ao projeto de pesquisa científica.**
Petrópolis: Vozes, 2000.

SEVERINO, Antônio Joaquim. **Metodologia do trabalho científico.**
São Paulo: Cortez, 2002.

Biometria nos Sistemas Computacionais - Você é a Senha

Autor: *José Maurício Pinheiro*
208 páginas - 1ª edição - 2008
ISBN: 9788573937381
Formato: 16 x 23

A segurança dos sistemas computacionais configura-se paradoxalmente como um custo e uma necessidade para a sobrevivência de uma corporação. Se, por um lado, obter um sistema com maior segurança é raramente visto como algo de valor significativo, por outro, o perigo de um ataque não é ignorado totalmente. Neste contexto, a segurança computacional deve ser tomada como opção estratégica e não apenas tecnológica ou gerencial, com impacto positivo e inegável sobre o negócio. Entretanto, tornar um sistema computacional mais seguro é uma tarefa que exige conhecimento e habilidade na contenção rápida das ameaças, antes que estas se transformem em ataques e criem problemas que tornem os sistemas inoperantes, causando sérios transtornos para seus usuários. Nesse contexto, é imperativo disponibilizar ferramentas que permitam que tais sistemas funcionem de forma segura, rápida e precisa.

É onde entra a Biometria. Leia este livro, saiba mais sobre esse assunto que se torna a cada dia mais presente e necessário no mundo corporativo, que é desenvolvido e aperfeiçoado rapidamente. Esteja realmente protegido.

Este trabalho tem como objetivo de apresentar os aspectos relacionados à utilização da biometria na segurança dos sistemas computacionais, analisando e discutindo a implantação de sistemas biométricos para autenticação e identificação utilizando dispositivos confiáveis e pouco intrusivos. Outras questões aqui apresentadas permitem explorar a complexidade desses sistemas, demonstrando que a necessidade de autenticação e identificação é o principal aspecto para a segurança do próprio sistema e está associada à possibilidade de acesso restrito a uma determinada área, recurso ou serviço. Se não for possível identificar um indivíduo que esteja tentando acessar um recurso do sistema computacional, nenhum outro recurso de segurança fará sentido.

À venda nas melhores livrarias.

Infra-Estrutura Elétrica para Rede de Computadores

Autor: *José Maurício Pinheiro*
304 páginas - 1ª edição - 2008
ISBN: 9788573936865
Formato: 16 x 23

A difusão da Informática, da automação e dos sistemas de telecomunicações modernos tem levado ao uso cada vez maior de novas tecnologias e de novos equipamentos eletroeletrônicos com finalidades diferentes. Com efeito, essa difusão de tecnologias muitas vezes cria efeitos conflitantes que exigem cuidados no momento de se utilizar um ou outro tipo de equipamento.

Impõe-se, portanto, o conhecimento de técnicas que permitam a coexistência de sistemas de fabricantes diferentes, com aplicações diferenciadas, mas que necessitam funcionar em conjunto.

É disso que trata Infra-estrutura Elétrica para Rede de Computadores. Saiba de que forma garantir a segurança de sua rede e de seus equipamentos simplesmente por entender melhor os elementos elétricos que suas máquinas utilizam para operar. Entenda de que forma utilizar a sua instalação elétrica de modo a preservar a vida útil e o bom funcionamento do seu equipamento.

À venda nas melhores livrarias.

TCC (Trabalho de Conclusão de Curso) Não é um bicho-de-sete-cabeças

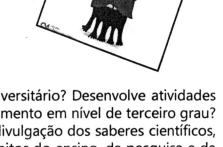

Autores: *Sérgio Simka / Wilson Correia*
128 páginas - 1ª edição - 2009
ISBN: 9788573938241
Formato: 14 x 21

Você faz ou fará um curso universitário? Desenvolve atividades ligadas à produção do conhecimento em nível de terceiro grau? Interessa-se pela produção e divulgação dos saberes científicos, filosóficos e das artes, nos âmbitos do ensino, da pesquisa e da extensão?

Se respondeu "sim", então este livro foi feito pra você.

Por quê? Porque ele propõe um roteiro que descomplica a atividade de elaboração do Trabalho de Conclusão de Curso superior, o temido TCC, exigência parcial para a obtenção da licenciatura ou do bacharelado em nossas facu'' ·· des.

Para muitos, o TCC parece um bich_ _-sete-cabeças, exatamente o que este livro mostra que não é.

Seguindo os passos propostos neste livro, seu TCC ficará um **brinco**, você obterá o sucesso almejado e poderá sair **vida afora, mercado** de trabalho adentro e meter a cara pelos **meandros da sociedade sem** medo de ser feliz.

Boa sorte, sucesso e muita, muita alegria com o seu TCC!

À venda nas melhores livrarias.

Impressão e acabamento
Gráfica da Editora Ciência Moderna Ltda.
Tel: (21) 2201-6662